JUSTICE!

LE

JOURNAL L'UNIVERS

ET

FRÉDÉRIC OZANAM

PAR

FERJUS BOISSARD.

> Dire la vérité est utile à celui à qui on la dit, mais désavantageux à ceux qui la disent, parce qu'ils se font haïr.
>
> PASCAL.

PARIS

E. DENTU, LIBRAIRE-ÉDITEUR, PALAIS-ROYAL,

Galerie d'Orléans, 13.

1856.

JUSTICE !

Du même Auteur :

DANTE RÉVOLUTIONNAIRE ET SOCIALISTE, MAIS NON HÉRÉTIQUE

Révélations sur les révélations de M. Aroux, et défense d'Ozanam,

1 vol. in-8.

Imprimerie de W. REMQUET ET Cie, rue Garancière, 5.

JUSTICE!

LE

JOURNAL L'UNIVERS

ET

FRÉDÉRIC OZANAM

PAR

FERJUS BOISSARD.

Dire la vérité est utile à celui à qui on la dit, mais désavantageux à ceux qui la disent, parce qu'ils se font haïr.

PASCAL.

PARIS

E. DENTU, LIBRAIRE-ÉDITEUR, PALAIS-ROYAL,

Galerie d'Orléans, 13.

1856.

JUSTICE.

I.

Peut-être pourra-t-il sembler inutile, ou même téméraire, de venir ajouter quelques pages encore à tant de pages émues et éloquentes, écrites déjà depuis longtemps, et parfumées des pieux souvenirs de la douce mémoire d'Ozanam. Mais la vie des hommes de génie, des héros et des saints ressemble à ces mines inépuisables, où l'œil avide découvre sans cesse quelque nouvelle richesse et que l'outil de l'ouvrier ne frappe jamais sans laisser apercevoir quelque filon précieux ; ou bien encore à ces arbres toujours verts sur lesquels passent en vain les brûlantes chaleurs de l'été et les vents meurtriers de l'hiver. Qu'il nous soit donc permis de puiser encore une fois à cette source féconde de science, de douceur et de vertu, et d'admirer ce rejeton des saints, tige sublime qui a donné tant de fleurs et de fruits.

Nous ne prenons cependant pas aujourd'hui la plume pour refaire après tant d'autres, plus habiles que nous, un éloge que nous avons essayé nous-même. Mais des attaques ayant été plusieurs fois dirigées contre Ozanam sans qu'elles aient été relevées comme il le fallait, nous avons cru de notre devoir de rompre ce silence ; on jugera, nous en avons l'espérance, que nous avons bien fait. Si quelques personnes nous en blâment, la faute en sera toute à notre époque qui ne sait pas supporter le scandale de la vérité. D'ailleurs, comme l'a dit un ancien, il vaut mieux perdre un ami par trop de franchise que s'abaisser à le tromper pour lui plaire. Nous dirons donc toute la vérité et à tout le monde.

On nous pardonnera aussi de n'aller pas toujours droit au but, et, dans la tâche pénible que nous avons acceptée, de nous arrêter parfois au souvenir d'Ozanam, en présence d'un de ses livres ou même d'une de ses pensées. Nous ne nous sentons qu'à ce prix la force d'entreprendre ce travail. Reproche-t-on au voyageur qui marche à travers un pays aride, désolé, de quitter le droit chemin et de laisser égarer ses pas d'un côté ou de l'autre pour se reposer sous quelque ombrage, ou au bord de quelque fontaine?...

II.

Au moment où Ozanam expirait, la triste nouvelle fut annoncée par tous les organes de la publicité avec une unanimité de douleur et de sympathie qui prouvèrent assez quel culte on avait pour lui. Il serait impossible de compter toutes les larmes qui ont été versées sur sa tombe, depuis la lettre de M. Léon Boré qui révéla le premier quelques détails précieux sur cette mort cruelle, jusqu'à la récente biographie du P. Lacordaire.

Aussitôt l'amitié se demanda quel monument elle pourrait élever à cette mémoire vénérée, et elle a publié les œuvres complètes de celui qu'elle pleurait. Nous regrettons qu'un appel public et solennel n'ait pas été fait à toutes les sympathies, à tous les cœurs et à toutes les bourses par les grandes voix de la presse.

Oh! comme alors chacun de nous se fût mis à l'œuvre pour apporter sa pierre à l'édifice funèbre! Au moyen âge, on rencontrait par les chemins de pauvres moines, leur livre de prière sous le bras, le bâton du voyageur à la main, qui cheminaient seuls de tous côtés et frappaient à toutes les demeures, quêtant au nom des pauvres, au nom des captifs, au nom des malades. Nous, pèlerins de l'amitié, nous aurions aussi été frapper à toutes les portes, quêter pour l'art, pour la poésie, pour la religion, nous redisant souvent, afin d'empêcher les larmes d'étouffer notre voix, ces vers du poëte, si heureusement rappelés par M. Leclerc sur la tombe d'Ozanam :

Di me non pianger tu, che i miei dí fersi
Morendo eterni; e nell' eterno lume,
Quando mostrai di chiuder gli occhi, apersi.

« Oh ! non, ne pleurons pas; la mort, c'est l'immortalité qui
« commence, et quand il semblait fermer les yeux, il les ou-
« vrait à l'éternelle lumière. »

Tel qu'il est cependant ce monument a sa grandeur et sa dignité. Aussi avec quelle émotion avons-nous reçu ces volumes! Avec quel respect avons-nous feuilleté ces pages, avide d'y recueillir quelques pensées inconnues jusque-là, quelques enseignements nouveaux! Il nous semble que chacun a dû fêter ainsi cet ami perdu que l'on s'est efforcé à faire revivre, et disposer religieusement ces livres sur les rayons de sa bibliothèque, à une place d'honneur, auprès d'écrivains aimés; absolument comme dans les réceptions on cherche à grouper dans le même voisinage ceux qu'une même communauté d'idées unit les uns aux autres. Pour nous, il nous a paru que les œuvres d'Ozanam avaient leur place naturellement indiquée entre Châteaubriand et Lacordaire, près de Ballanche et de Fénelon, non loin de Balmès, des poëtes italiens et de Lamartine. Un mot de lui, profondément senti, dans un article sur Ballanche, dit assez sa profonde sympathie pour notre grand poëte et notre grand citoyen, qu'un instant l'on avait pu croire oublié par la patrie, mais qu'elle acclame aujourd'hui avec un enthousiasme digne des anciens jours.

III.

Pourquoi donc, après de si belles funérailles, en présence de ce monument funèbre, ces discussions élevées aujourd'hui? Pourquoi ces attaques qui nous remettent en mémoire d'autres attaques déjà vieilles?

Arrivons de suite au fond de la question. Si la prudence est une vertu, la franchise en est une autre, lorsqu'elle unit, dans une égale proportion, la vérité et le courage. Il y a des gens qui, sous prétexte de charité, croient devoir tout adoucir, tout atténuer, tout étouffer; il leur semble qu'ils aient atteint l'idéal de l'action chrétienne lorsqu'ils ont réussi à tuer une discussion par l'adresse ou le silence, et c'est ainsi que les équivoques se perpétuent, que les questions restent sans solutions, que le droit et la justice, au lieu de triompher publiquement aux yeux de tous, sont méconnus et outragés sous les voiles puérils dont les couvrent la réserve et la prudence humaines. Rester sourd à la voix de la justice, n'est-ce pas l'insulter, la nier d'une certaine manière? En tout et pour tout, il faut des situations nettes. D'ailleurs, il arrive un moment où, comme l'a dit si heureusement M. A. de Broglie dans un article qui a fait quelque bruit, la vérité devient la dernière ressource de la charité.

Ozanam était un chrétien plein de douceur, de mansuétude; qui ne gourmandait pas, mais qui conseillait; qui ne s'emportait pas contre les ennemis de l'Église, mais qui les plaignait; qui frappait l'erreur, mais qui épargnait le coupable, conformément à l'avis de saint Augustin, et qui aimait d'autant plus les hommes qu'il les voyait plus enlacés dans les liens de l'erreur. *Inde iræ*. Oui, de là le mécontentement de plusieurs. Parce que Ozanam avait dans la voix, dans le cœur, sous sa plume, quelque chose de la suavité de saint François d'Assise, de la bienveillance, de l'indulgence, de l'aménité de saint François de Sales, il fut jugé tiède, inhabile au service de l'Église, incapable de défendre la vérité avec la vigueur qu'elle réclame.

Ozanam était né au milieu d'institutions sociales qui n'avaient pas été établies par l'Église : elles semblaient être ou étaient réellement des monuments qui attestaient ses défaites, ou qui s'élevaient contre elle comme autant de batteries redoutables ; mais Ozanam n'en avait pas moins démêlé ce qu'il y avait de bon dans son époque, compris ce que la génération, enfantée par des révolutions, pouvait contenir en son sein de force, de vie, de courage et de dévouement. Sans regret pour le passé, il s'accommodait du présent, et ses œuvres prouvent assez s'il y avait à désespérer d'un temps où de semblables choses ont été faisables. Bien plus, au milieu des aspirations qui sont l'histoire de notre siècle et qui en seront la gloire, il se montra toujours prêt à accepter toutes les tendances généreuses, à s'unir à toutes les réclamations légitimes et à leur prêter l'appui de ses sympathies, de son talent et de sa parole. Il ne fut jamais un homme de parti. Dans les assemblées politiques, il eût par ses votes mécontenté un jour ses amis, étonné le lendemain ses ennemis, n'écoutant jamais que la seule voix de sa conscience.

Chose remarquable, deux classes d'hommes bien opposées se trouvent ainsi agir de la même manière : les forts comme les faibles, les cœurs lâches et les âmes courageuses, ceux qui se traînent à la remorque des événements, et ceux qui leur sont supérieurs et les dominent ! La raison en est que ces derniers aiment mieux souvent s'exposer à être confondus en si mauvaise compagnie que de suivre aveuglément une consigne fatalement obéie. On sait bien ce que les partis gagnent, dans un moment donné du moins, à ces obéissances passives, mais on ignore trop ce que les consciences y laissent et ce que les caractères y perdent.

Il faudrait déjà remonter bien haut pour trouver l'explication de la situation des esprits chez les catholiques à l'époque où parut Ozanam. Nous sommes les enfants de nos pères, et les deux traditions qui nous divisent, non sur le dogme bien entendu, mais sur l'appréciation des choses humaines, gardent encore vivant le souvenir de ceux qui nous ont précédés. Tandis que d'un côté Châteaubriand et Ballanche devaient se reconnaître souvent dans les paroles que la jeunesse recueillait avec avidité aux leçons de l'abbé Cœur, d'Ozanam, et autour de la chaire du P. Lacordaire; de l'autre, Bonald et de Maistre applaudissaient sans doute aux efforts de cette plume taillée par eux et tombée entre les mains de M. Veuillot; nous ne citons qu'un nom de cette école malheureusement trop nombreuse, et le premier d'ailleurs entre tous. Ce n'est pas en vain que dans un pays on lit, on commente, on porte aux nues certains ouvrages. Les applaudissements donnés à un livre ou à un homme à de certains moments en disent long sur les jours à venir pour qui sait comprendre. Bonald, un sage ingénieux, et de Maistre, un aigle, ainsi que le disait naguère, après bien d'autres, M. de Pontmartin. Si Bonald est un sage, il est un peu un sage de l'antiquité dérouté en plein XIXe siècle; si de Maistre a l'énergie de l'aigle, il en a aussi les serres terribles et le bec meurtrier. Le moins qu'on en puisse dire, c'est de répéter ces paroles de Ballanche qu'on pourrait croire écrites à leur adresse si tant d'autres ne les méritaient pas également : « Dévorés du zèle de la vérité, quelques-
« uns de ces hommes vraiment religieux, de ces hommes
« qui ont conservé intacte la foi de leurs pères, cherchent
« à la propager au milieu de nous comme si elle était
« réellement éteinte. Les peuples chrétiens sont traités par
« eux à l'égal des peuples idolâtres. Alors le voile qui cache
« à tous les yeux le Saint des saints est un voile de deuil, et
« dans sa sincère et vertueuse indignation, le prêtre des
« anciens jours est tout près de briser les tables du Sinaï. »

S'il s'exprimait ainsi en 1819, qu'aurait-il dit aujourd'hui que la guerre est organisée, que les chefs ont attiré à eux des soldats, que les rangs sont serrés, que chaque matin *l'ennemi* est assailli avec vigueur et qu'il est insulté, injurié, bafoué, hué!

Mais, sans étudier les causes d'une situation dont l'histoire ne manquerait certainement pas d'un triste intérêt et de plus d'un enseignement, qu'il nous suffise de constater un fait que personne ne nie, dont beaucoup se réjouissent, mais dont plusieurs, grâce à Dieu, s'affligent profondément.

L'*Univers*, puisqu'il faut l'appeler par son nom (car nous ne comprenons pas cette tactique en usage aujourd'hui, qui consiste à déclarer bien haut qu'on ne nommera personne en des pages dont la transparence habilement ménagée montre à tous les yeux les gens qu'on y désigne), l'*Univers* donc faisait, il y a peu de temps, le panégyrique de la sœur Rosalie. Jusque-là tout est bien; on ne saurait trop louer celle dont le peuple en larmes a suivi le modeste char en la nommant *sa bonne sœur;* on a eu raison de raconter ce cortége funèbre qui ressemblait presque à une marche triomphale; c'est à ce triste moment en effet qu'il est facile de juger le vrai mérite et de le peser à sa juste valeur. Quiconque est suivi à sa dernière demeure par des milliers d'hommes portait assurément dans la tête ou dans le cœur un des grands intérêts, une des grandes préoccupations de son époque.

Pourquoi, à propos de ces vertus, de ce dévouement, de cette vie de charité, ce point d'arrêt sur les Conférences de Saint Vincent de Paul? S'il est vrai que la chère Sœur du faubourg Saint-Marceau « ait été un des principaux instru-« ments dont la Providence s'est servie pour asséoir et déve-« lopper les Conférences de Saint Vincent de Paul, » vous avez raison de le proclamer, car si l'humilité cache ses vertus, la piété des fidèles les publie hautement. Cela dit, tout est fini, passez à un autre point. Mais non, M. Aubineau tient à cette question, il y revient avec complaisance, et finalement il déclare que s'il fallait proclamer un fondateur des Conférences, « ce ne serait peut-être pas celui dont on

« a parlé dans ces derniers temps; ce serait un chrétien « moins éloquent et plus obscur. »

Qu'est-ce à dire? Est-ce une réflexion sans importance tombée de la plume par inadvertance et sans intention? On ne saurait le croire, car bientôt après vous annoncez l'histoire de la fondation des Conférences de Saint Vincent de Paul. Est-ce donc un cri de l'âme qui proteste au nom de la justice méconnue? Franchement, cette indignation est bien tardive, il y a longtemps que l'opinion publique a proclamé comme fondateur celui à qui vous contestez ce mérite, et vous n'avez rien dit. Lui-même, dans un discours prononcé à Florence, et qui a été reproduit par la presse, a mal déguisé, dans les détours de son humilité, le rôle que chacun lui a assigné. Pourquoi n'avez-vous pas éclairci ce point resté douteux et appelé l'attention d'Ozanam sur une phrase que, vous le savez aussi bien que nous, il se fût empressé d'expliquer; il eût été heureux de rectifier une parole obscure échappée à l'improvisation, dans une langue étrangère, et de décliner un honneur qui ne lui appartenait pas.

Vous ne l'avez point fait. Or, à ce moment la justice était violée, *l'histoire tournait au roman*, comme vous le dites avec épouvante; et depuis, cela s'est répété vingt fois dans vingt écrits. Avez-vous réclamé? C'était votre droit et votre devoir.

On est fondé à se méfier aujourd'hui de votre amour posthume de la vérité et de la justice. Mais ce courage tardif, ce zèle soudain, ce retour inattendu vers le passé, tout cela, ne serait-ce pas plutôt une attaque déguisée contre Ozanam et une nouvelle preuve de ces *colères* dont nous parlions plus haut? On ne s'y est pas mépris, peu de personnes ont jugé la chose autrement.

Ici, nous ne nous en prenons pas seulement au signataire de l'article, mais au journal lui-même tout entier, et nous avons le droit de lui dire : Vous nous êtes suspect de mauvais vouloir à l'endroit d'Ozanam. Repoussez cette allégation, si vous le pouvez, nous en serons enchanté pour notre compte, mais n'essayez pas de vous défendre pour ce qui est du passé, et surtout ne niez pas.

Au moment où Ozanam expirait en mettant le pied sur la terre de France, l'*Univers*, dans la colonne de ses faits divers, annonçait ce malheur en transcrivant quelques froides lignes d'un journal du Midi. Celui-ci du moins s'empressait de pleurer celui dont il annonçait ainsi la mort. L'*Univers* reproduit, le 15 septembre, un article nécrologique de la *Gazette de Lyon*, et le 18, dans les nouvelles diverses, un extrait de la même feuille sur la famille d'Ozanam et sur la cérémonie funèbre qui a eu lieu dans une église de Lyon. Enfin il raconte brièvement, par la plume de M. Bailly, les obsèques d'Ozanam à Paris.

C'est là tout ce que vous avez trouvé à dire d'Ozanam, vous, l'*Univers* RELIGIEUX; tout ce qui a pu sortir de vos entrailles à cette nouvelle qui était un malheur public pour les catholiques? Dans ces circonstances, un cri douloureux s'échappe de l'âme et les premières paroles qui tombent des lèvres traduisent le fond de la pensée, car le cœur ne réfléchit pas. Vous avez beau dire et beau faire, on sent que le coup qui vient de vous frapper n'est pas un de ceux qui attristent profondément et dont rien ne peut consoler.

IV.

Et voilà l'homme que vous avez bien osé revendiquer pour votre collaborateur! Ah! vous n'eussiez jamais dit cela, jamais écrit cela du vivant d'Ozanam; les dalles de la tombe étouffent sa voix et ne lui permettent pas de protester; mais vous aurez en vain compté sur le silence et la complicité de la mort : il fallait que quelqu'un, nous ou un autre, se levât et vînt déclarer hautement que cela n'était pas. La vérité au milieu de nous n'est pas habituée à manquer de défenseurs, ni les accusés d'avocats.

Nous savons que précisément vous avez, dans cet article, loué et exalté Ozanam comme jamais vous ne l'avez fait; mais tenez, si Laocoon avait raison quand il disait. . .

. . . . Timeo Danaos et dona ferentes,

nous avons cent fois plus raison encore de dire : Nous craignons l'*Univers*, même lorsqu'il nous donne des louanges. Aussi ne s'y est-on pas trompé, et s'il nous était permis de dire tout ce que nous savons, vous verriez que vos paroles n'ont certes pas été des consolations pour ceux qui ont le plus à cœur d'entendre louer Ozanam.

Non, cent fois non, nous ne laisserons jamais dire qu'Ozanam a été votre ami et, autant que ses occupations et son caractère le permirent, votre collaborateur.

Comparons les idées aux idées, la conduite à la conduite, les doctrines aux doctrines et déclarons s'il y a analogie entre cette douceur, cette indulgence, cette générosité, cette largeur de vues, cette solidarité avec le siècle présent, cette tendance vers un avenir meilleur et..... le reste.

A chacun ses hommes. Vous avez les vôtres, nous vous les laissons et ne les réclamons pas; nous gardons les nôtres et nous saurons les défendre..... même contre vos louanges.

Un seul mot pour expliquer et éclaircir ce triste débat. Vous avez attaqué à outrance l'*Ère Nouvelle*, le journal d'Ozanam; — comment pouvez-vous aujourd'hui nommer Ozanam votre ami et votre collaborateur, lorsque vous l'avez insulté lui-même jusqu'à nier sa foi?

Veuillez nous suivre un moment dans cette revue rétrospective; nous ne vous retiendrons pas longtemps et d'ailleurs nous ne vous montrerons que vos propres œuvres.

Vous souvenez-vous de ces trois colonnes imprimées dans votre journal au sujet d'Ozanam? Peut-être les avez-vous oubliées, mais elles sont restées douloureusement gravées dans notre cœur. Nous allons vous les remettre en mémoire.

Prenez votre collection et cherchez année 1850, numéro du 3 juillet.

Pendant que vous feuilletez votre journal, écoutez en quelques mots bien courts l'histoire de l'*Ère Nouvelle*, fondée par votre *collaborateur* et chez laquelle sans doute fut arboré le même drapeau que chez vous.

En effet, l'*Ère Nouvelle* paraît et je ne sache pas que vos colonnes osent même annoncer ce nouveau champion, debout, à vos côtés, qui va combattre pour vous, avec vous. La pudeur retient sans doute votre plume et ne vous permet ni de louer, ni d'annoncer, ni d'encourager vos amis et collaborateurs. Cela ne se pratique pas ainsi d'habitude dans les mœurs du journalisme, mais vous n'êtes pas pour rien l'*Univers religieux*. Tout à coup, voilà que ce silence plein de dignité et de réserve est rompu. Le 11 mai 1848, un article établit les premières relations entre l'*Univers* et ses *collaborateurs de l'Ère Nouvelle* appelés bien positivement, bien fraternellement (on était pour la fraternité alors) nos amis. Mais que voit-on à la fin de cet article? Quoi! *On a peine à croire que ces amis aient lu avec attention la pièce qu'ils discutent!.... Leurs paroles peut-être n'ont pas de sens.* — Le 13 mai c'est bien une autre affaire : cinq reproches sont nettement formulés et adressés à ces *amis* les *collaborateurs*, et il leur est signifié de cesser leur *déloyauté!!* « *C'est un devoir de conscience,* » *il en coûte, mais on n'écrit pas pour plaire aux hommes.* — Il faut louer cette courageuse franchise, il faut rendre justice à cette loyauté qui va jusqu'à éclairer le public sur les fautes, erreurs, omissions de ses *amis* et *collaborateurs*. Encore une fois, on n'est pas habitué à tant de grandeur et de magnanimité, mais « on n'écrit pas pour plaire aux hommes. »

Disons-le bien vite, c'est là une guerre et personne ne s'y trompe plus. Du reste, n'eût-on pas été l'*Univers*, il aurait fallu une singulière vertu pour vivre en paix et faire bon ménage avec le nouveau journal. On n'ignorait pas en effet que l'*Ère Nouvelle* avait été fondée pour contre-balancer, remplacer et détruire, s'il était possible, l'influence de l'*Univers* déclarée désastreuse par grand nombre de laïques, de prêtres et même d'évêques. Les Conférences du P. Lacordaire, publiées d'habitude dans l'*Univers*, alors le seul journal des idées religieuses, lui avaient été retirées et avaient passé naturellement dans la feuille devenue son antagoniste. Dans la réunion qui avait fondé l'*Ère Nouvelle*, une proposition avait été apportée je ne sais d'où, je ne sais par qui, d'acheter l'*Univers* qui était aux abois, qui devait énormément d'argent à son marchand de papier (j'évite de dresser l'inventaire) et qui se trouvait quelque peu désorienté dans la situation politique du moment. Mais un *tolle* général s'était élevé, et même ce cri, peu charitable sans doute, fut entendu : Qu'il meure, à lui son œuvre, à nous la nôtre.

La lutte engagée ne devait plus se terminer que par la mort d'un des combattants. Les escarmouches continuent donc en attendant la grande guerre et les batailles rangées.

Voyez plutôt les numéros de l'*Univers* des 8, 20, 21, 28 janvier 1849. Ici on reproche à l'*Ère Nouvelle* de soutenir la même thèse que les journaux de l'extrême gauche ; là on la supplie de ne plus parler d'un acte du Pape sans avoir le texte sous les yeux ; ailleurs on déclare qu'elle se trompe et s'est mise dans une mauvaise voie. Le 27 février il est parlé de son fanatisme politique, de sa superstition, de ses extases ; le 1er mars on peut lire ces lignes pleines d'aménité : « L'*Ère Nouvelle,* en nous imposant l'obligation de dresser « la liste complète de ses erreurs, nous impose une tâche « trop lourde ; qui pourrait la suivre dans le dédale de ses « égarements ?... Elle n'obtiendra pas de nous la complicité « du silence. » — Le 4 mars, c'est bien autre chose encore : « Nous détestons les doctrines de l'*Ère Nouvelle.* » Le 8 mars : « On ne s'abaissera pas jusqu'à relever les attaques « de l'*Ère Nouvelle.* » Et ainsi de suite, jusqu'à ce qu'enfin le 4 avril on annonce le retrait des rédacteurs qui, n'ayant consenti à accepter aucune modification dans l'esprit du journal, ont tenu à bien établir que leur concours ne serait plus acquis à sa rédaction.

C'est le moment des condoléances, des compliments et des larmes.

Manibus date lilia plenis.

Le 5 août, en effet, l'*Univers* se plaît à faire l'éloge de ces hommes qui ne sont plus ; ils étaient pleins de bonnes intentions, ils avaient du talent, du savoir ; leur dévouement à l'Église est connu.

L'*Ere Nouvelle* est donc morte, et bien morte.

On viendra dire après cela qu'Ozanam était un collaborateur, un ami ! que loin de laisser croire que l'on ait été son ennemi, on n'a pas même voulu être son adversaire !

Et pendant tant de mois, au milieu de l'agitation de tout un pays, d'une révolution politique et sociale ; pendant que les grandes questions qui divisent les esprits, épouvantant les uns, réjouissant les autres et les passionnant tous, se discutent et s'agitent, vous n'avez pas, pour ainsi dire, envisagé un seul fait de la même manière, défendu la même idée, approuvé le même système ! C'est à n'y rien comprendre et à n'en croire ni ses yeux ni ses oreilles.

Certains noms d'hommes portent en eux toute une idée, toute une théorie, tout un ensemble de doctrines, et l'antipathie ou la sympathie que l'on a pour eux est la pierre de touche de nos opinions. Or, il y avait en Espagne un homme de talent, il a été souvent et énergiquement loué par l'*Univers ;* que pensaient les rédacteurs de l'*Ère Nouvelle* des idées de Donoso Cortès ? — En Italie, un prêtre qui a pu se tromper (certains de ses écrits ont été condamnés à Rome), mais dont les idées politiques ont un moment séduit sa patrie, n'a guère, que nous sachions, été défendu sur aucun point par l'*Univers ;* Ozanam ne laissait pas impunément attaquer Gioberti ; nous en pourrions citer un éloquent exemple. — Il y avait à l'Assemblée constituante un représentant du peuple fort goûté de l'*Ère Nouvelle*; l'*Univers* partageait peu les opinions de M. Arnaud de l'Ariége. Enfin, l'*Univers* a écrit d'un homme qui aimait, soutenait, encourageait l'*Ère Nouvelle* : « Ou il se moque du public, ou il « est incapable d'apprécier la valeur et la portée de ses ac- « tions et de ses paroles. Après tout, il est possible qu'il « n'ait su ni ce qu'il faisait, ni ce qu'il disait au congrès de « la paix, ses *meilleurs* amis font valoir cette excuse et « nous l'acceptons. » Et cet homme, est-ce donc un fou, et est-il à Bicêtre? Non, c'est M. Deguerry, curé de la Madeleine.

C'en est assez, hélas! c'en est trop. Enfin, l'*Ère Nouvelle* morte, tout dissentiment devait disparaître entre *collaborateurs;* mais voilà que l'*Univers*, le 3 juillet 1850, publie cet article inqualifiable que nous avons annoncé plus haut.

V.

Il ne vaut certes pas l'honneur d'une discussion, nous le donnons en le resserrant, mais sans rien changer aux passages que nous citons.

Voyons, monsieur Veuillot, vous avez eu le temps de trouver ce numéro du 3 juillet 1850; lisons ensemble, si vous le voulez bien :

« Nous avons l'autre jour enlevé Bossuet à M. Chambolle; nous sommes dans la triste nécessité de lui offrir une compensation. Ce publiciste cherche des catholiques qui ne prennent garde ni à sa politique, ni à son entrepôt de romans, qui ne lui parlent ni des miracles, ni de l'inquisition, ni des libertés de l'Église, ni de rien qui l'irrite : nous tenons son fait. Un de nos amis, mais qui ne nous aime pas (singulière amitié!), qui partage au fond toutes nos idées (oh! pardon!), mais qui blâme tous nos discours (comment accorder tout cela?); nous signifie publiquement sa séparation. (Quoi! votre collaborateur? celui que vous réclamez aujourd'hui?) C'est M. Ozanam. »

Suit l'éloge du savant « bienveillant pour tout le monde excepté pour nous. » L'éloge est de rigueur, souvent même c'est une admirable tactique de guerre. Dans l'antiquité on ne conduisait la victime à l'autel du sacrifice qu'après l'avoir couronnée de fleurs.

« Renfermé dans ses études, il publie à de trop longs intervalles (nous croyions que le temps ne faisait rien à l'affaire. Allons, savants, artistes, poëtes, *più presto*) des livres où la critique ne saurait reprendre que l'abondance et la masse des perfections. Chacun les loue, nous les célébrons, l'Institut les couronne, et l'on n'en parle plus, tant ils se tiennent loin de toutes les préoccupations actuelles. . . . .

« . . . . Nous ne voulions pas embarrasser un ami en le conviant inutilement à des luttes que nous trouvons si nécessaire et si glorieux de soutenir. Assuré de sa vocation pacifique, nous l'avons placé sur un siége d'honneur ; parmi nos sages, nous allions dire parmi nos Burgraves, affligés de n'en pouvoir tirer meilleur parti.

« . . . . Chose bizarre ! ce pacifique, des lèvres duquel jamais parole militante n'est sortie contre un incrédule militant, il aime à nous guerroyer. . . . . Il paraît à la fenêtre de son cabinet et nous condamne aussi fortement que le permet la douceur de son caractère.

« . . . . Nous ne permettrons jamais qu'on jette le plus léger blâme sur un nom qui commande la reconnaissance et le respect de tous les catholiques. . . . . (Il s'agit de M. de Maistre devenu, à ce qu'il paraît, inviolable et sacré.)

« . . . Tout son talent et tous ses services sont trop courts pour lui donner le droit de faire si sommairement la leçon à M. de Maistre et même à nous (cette dernière parole tout au moins est de trop). En ce qui concerne M. de Maistre, de la part d'un écrivain, c'est de la présomption ; de la part d'un catholique, c'est de l'ingratitude (selon nous, c'est un devoir. Mais ne croirait-on pas bien lire un ukase ?). Comment M. Ozanam a-t-il perdu si tôt le salutaire souvenir de l'*Ère Nouvelle ?* Certes les talents ne manquaient pas dans ce journal où lui-même était à peine des premiers (singuliers hommes de talent que ceux auxquels il était reproché tous les matins de ne pas bien lire les textes, de ne pas les comprendre, d'avoir des idées fausses sur le pouvoir, l'autorité, la politique, les intérêts de l'Italie, de la papauté, de l'Église). Nous ne savons pas si l'on marchait à la lueur des flambeaux allumés par Châteaubriand et Ballanche. L'un et l'autre en ont

2.

allumé plusieurs qui ont jeté moins de flamme que de fumée (soit dit en passant à l'auteur du *Génie du Christianisme* et à celui des *Institutions sociales*). . . . Ce n'est pas là, nous l'avouons, qu'on eût défendu la sainte inquisition (comme vous? oh! non) ni la possibilité des miracles (surtout de ceux de Rose Tamisier que vos articles ont eu occasion de consoler sur les bancs de la police correctionnelle). . . . On a obtenu quelques éloges bien chiches des protestants et des phalanstériens; mais de cœurs éteints rallumés, mais d'esprits prévenus éclairés, mais de retours et de convictions, mais de mouches prises, enfin, point de nouvelles! Finalement on est mort peu regretté (Parlez pour vous). Triste histoire du plus bel essai de l'école de l'amour. (Si amour veut dire ici charité, ce qui nous semble, la charité est une vertu — théologale encore.) . . . .

« Et rien ne s'explique mieux; tous les essais de ce genre sont pour le moins inutiles. Plaise à Dieu donner dans sa miséricorde pour les hommes qui se laissent prendre à les tenter, de leur donner toujours un échec aussi notoire et aussi prompt! Car plus leur entreprise se prolonge, plus ils *taisent*, *déguisent* et *sacrifient* la vérité (entendez-vous, grand vicaire, moine qui avez dirigé ce journal, évêques qui l'avez approuvé, patroné), plus ils s'engagent et ils entraînent avec eux les esprits dans les sentiers suspects qui croisent à tous moments les chemins ne l'erreur. . . . .

« . . . Il faut leur faire *avaler* (aux incrédules), suivant leur expression, la chute, le péché originel, etc. . . . il faut leur faire avaler l'éternel enfer. . . . C'est un beau service que vous leur avez rendu, lorsqu'ils pourront dire de vous : . . . ce sont de bons chrétiens, qui révèrent la liberté de penser et qui nient l'enfer (!!!). . . . Brisons là, que chacun se souvienne seulement qu'il est homme et que si quelque ardeur de sang, un goût trop humain pour les combats et le péril peut se mêler à l'ardeur du zèle (ceci est le *Confiteor* de M. Veuillot), trop de goût pour les louanges du monde et trop d'inclination au repos peuvent inspirer les conseils de la modération (cela est de l'impertinence).

« Qui le pousse à nous harceler des conseils de sa sagesse accommodante? Nous tolérons parfaitement qu'il soit jeune, savant, éloquent, et qu'il emploie tous ces dons à gagner des couronnes académiques. Nous supportons avec déplaisir, mais avec patience et silencieusement, le culte trop exclusif qu'il rend aux muses; nous ne l'invitons pas à défendre dans nos rangs les vérités impopulaires. Il pourrait à son tour tolérer que nous ne l'imitions point, et garder avec nous aussi, puisque nous le voulons bien, cette paix qu'il est si jaloux d'entretenir avec tout le monde. Sommes-nous moins ses frères, après tout, que ce grand ramas de politiques, de philosophes et de lettrés incrédules qu'il compte ramener à Dieu par la vertu de ses éloges ou l'énergie de son silence? »

C'est tout, et c'est bien assez, il nous semble. Merci, monsieur Veuillot, de votre bienveillante attention. Vous vous les rappelez maintenant ces pages et vous les reconnaissez. Cela suffit, nous ne voulions que vous les remémorer, à vous et à ceux qui vous lisent.

Nous avions promis de ne pas discuter ce déplorable factum, pour être assuré de nous renfermer dans les bornes d'une juste modération; mais notre plume impatiente n'a pu s'empêcher de laisser tomber en chemin quelques-uns des cris qui s'échappaient de notre âme, tandis que nous le relisions encore une fois. Nous livrons ces pages au jugement de tous, et nous mettons au défi tout homme, à quelque parti qu'il appartienne, de pouvoir, nous ne disons pas les défendre et les justifier, mais simplement les excuser.

Et de M. de Maistre, pour lequel on avait taillé sa plume, il n'en est plus question. M. de Maistre, qui ne le voit, n'est là qu'un heureux prétexte à décharger sa bile et à venger sa petite personnalité. Quoi! le talent et les services d'Ozanam sont trop courts pour lui donner le droit de faire la leçon à M. de Maistre, et même à vous? Eh! nous la lui faisons bien la leçon, nous, au grand M. de Maistre et à vous, monsieur Veuillot. Aussi nous vous entendons, si de votre grandeur vous daignez abaisser vos yeux sur ces lignes, murmurer avec le suprême dédain et la petite colère d'Oronte :

Mais, mon petit monsieur, prenez-le un peu moins haut.

Et comme Alceste, indigné à tout aussi juste titre que lui,

de tant de choses que nous lisons, que nous voyons, nous vous répondrons :

Ma foi, mon grand monsieur, je le prends comme il faut.

Pardon de vous citer Molière, ce poëte et partant « ce moi« neau lascif... content pourvu qu'on le flatte et qu'on l'empif« fre... qui se baisse sur sa pâtée, sort repu, lève la tête... » Ceci est encore de vos idées élevées et de votre style élégant. Voir au livre premier des *Libres Penseurs*.

Mais qu'avait donc dit, fait, écrit de si révoltant ce pauvre Ozanam? De *purs chambollismes* sans doute, comme vous dites. Écoutons : « Il existe deux écoles : l'une, se donnant « pour chef M. de Maistre et encore échauffée à son insu « du souffle de M. de Lamennais, se propose, non de récon« cilier, mais d'humilier la raison humaine; elle aime, elle « cherche, elle érige en articles de foi les thèses les plus « contestables pourvu qu'elles soient impopulaires, pourvu « qu'elles froissent l'esprit moderne; au lieu de toucher les « incroyants, elle ne réussit qu'à irriter les passions des « croyants, à compromettre la majesté du catholicisme, à « faire la joie des protestants et des rationalistes. » A cela Ozanam ajoutait après saint François de Sales, qu'on prend plus de mouches avec une cuillerée de miel qu'avec un tonneau de vinaigre.

L'*Univers* avait bondi sous le coup; et de fait, il avait droit de penser à lui. Comment, à propos de la cuillerée de miel? Non pas, mais bien du tonneau de vinaigre. C'est qu'il en faut peu pour réveiller le zèle endormi de l'*Univers*, si tant est qu'il dorme jamais.

Un seul homme est resté pour l'*Univers* respecté et inattaqué, c'est le P. Lacordaire. Oh! illustre Dominicain, il faut que vous soyez infailliblement demeuré dans la voie étroite et difficile de la stricte justice et de la plus austère vérité, dans vos livres, dans vos paroles, dans votre journal, dans votre chaire, car rien n'eût trouvé grâce devant lui. Ce silence de l'*Univers* à votre égard sera votre plus grand éloge.

Naguère le P. Lacordaire écrivait : « Si toutes les voix « n'étaient pas également dignes du combat, si l'injure et « l'injustice appelaient trop souvent des repprésailles qu'il « eût mieux valu ne pas mériter, du moins la trahison n'était « nulle part. » A ces mots, l'*Univers* s'est présenté pour recevoir en pleine poitrine la flèche courageusement lancée, et l'on a pu entendre M. Veuillot s'écrier : Des injures, des injustices, c'est moi que vous appelez ?

Me, me, adsum, qui feci, in me convertite ferrum.

Mais au lieu de combattre ferme sur l'étrier, la tête haute, le visage découvert; au lieu de presser son adversaire et de vider son carquois, le vaillant chevalier s'est contenté de lui lancer quelques traits en fuyant à la manière des Parthes. Il lui fait remarquer « qu'occupé de ses prédications et du « soin de ses communautés naissantes, il n'a pris qu'une « part de sympathie aux luttes qu'il rappelle, et qu'il en a « peu connu le caractère..... qu'il publiait dans l'*Univers* « ses mémorables Conférences, honneur qu'il aurait refusé « si le grand orateur avait laissé voir alors l'opinion dont il « l'étonne aujourd'hui..... Il lui assure qu'entre autres « choses, la robe blanche du restaurateur de l'Ordre où l'on « prenait les inquisiteurs, a soulevé plus de clameurs que « tous les articles de l'*Univers*. Heureux, s'écrie-t-il enfin, « qui a su éviter toute faute autrement qu'en se retirant de « la lutte et en gardant le silence ! » Le tout noyé dans de magnifiques éloges.

Malheureusement, l'expérience ne le démontre que trop chaque jour, les attaques même les plus injustes et les plus fausses laissent toujours après elles quelque chose. C'est ainsi qu'après la lecture de l'article de l'*Univers*, on pouvait se dire : Ozanam a donc perdu la foi,... Ozanam ne croit donc plus à l'Enfer ?... Tel d'entre ses amis ne pouvait s'en consoler, il lui écrivit le conjurant de le tranquilliser sur ce point.

Hélas ! Ozanam ne répondit pas à l'*Univers*. Nous y

avons perdu de nobles pages et la justice n'a pas eu sa légitime satisfaction. Il fallait que le coupable fût marqué publiquement au fer rouge du dédain et de la honte. Pas une voix ne s'éleva, pas une protestation ne fut entendue. Cependant Ozanam avait cru de l'honneur, de la dignité d'homme et de chrétien, de la justice en face du public, de la charité envers les faibles, de répondre aux attaques dirigées contre lui. Il prit donc la plume, mais il voulut soumettre sa réponse aux conseils de l'amitié. L'ami s'effraya, redouta le bruit qui allait se faire au milieu des catholiques; il chercha donc à détourner Ozanam de ce projet : il pria, supplia, tout fut inutile. Ozanam se retirait persistant dans sa résolution, lorsque l'ami, le retenant encore, lui dit que sa conduite le surprenait extrêmement, que jamais il ne l'avait vu tenir aussi énergiquement à sa propre volonté, que le sacrifice d'un si vif désir serait bien méritoire devant Dieu... Il parlait encore qu'Ozanam avait déchiré sa réponse en morceaux. La pensée du sacrifice avait fait ce que l'amitié avait été impuissante à obtenir; nous regrettons le conseil de l'ami, nous admirons le sacrifice.

M. Veuillot a simplement pris le silence d'Ozanam pour une adhésion; c'est lui qui l'affirme. « Cette distinction de « l'école de l'amour et de celle de la haine, a-t-il écrit, nous « parut à la fin très-injuste et très-offensante. Nous en fîmes « la remarque, Ozanam n'insista pas, d'où nous concluons « qu'il reconnut son tort; car il avait toute facilité de déve- « lopper son avis, même dans l'*Univers*... La querelle en « resta là et sans aucun ressentiment, du moins de notre « part. Les amis d'Ozanam, dont quelques-uns sont deve- « nus nos adversaires, savent parfaitement qu'alors et depuis, « et toujours, les colonnes de l'*Univers* leur ont été ou- « vertes, soit pour rendre compte de ses ouvrages, soit pour « payer un juste tribut d'hommages à ses qualités person- « nelles. Ils en ont usé (1). »

(1) 1er décembre 1855.

M. Veuillot voudrait-il bien nous dire : 1° où il avait la tête et s'il pensait bien à ce qu'il disait en écrivant ces lignes ; 2° où il a fait savoir aux amis d'Ozanam que son journal était à leur disposition pour louer lui ou ses ouvrages ; 3° qui en a usé avec cette liberté à laquelle sa générosité nous conviait tous ?

Le tout est de s'entendre. M. Veuillot déclare bien qu'il n'a jamais ni *attaqué*, ni *découragé*, ni *contesté* Ozanam : et il appelle bien son article du 3 juillet 1850, *une remarque !* Grand Dieu ! que serait-ce alors, s'il se fût agi d'adresser, non pas même un blâme, mais seulement une observation !

VI.

Constaterons-nous maintenant que les amis d'Ozanam ont combattu en sa faveur, contre ses adversaires, aussi énergiquement qu'ils le devaient ? Hélas ! cela ne nous est pas possible, et bien qu'il nous soit pénible de le reconnaître, il ne nous est pas permis de reculer devant cette déclaration.

L'*Ère Nouvelle*, voilà le grand crime d'Ozanam, or, il n'en est pour ainsi dire pas question dans toutes les biographies que nous avons sous les yeux, et si quelques-unes en parlent, on dirait presque que c'est pour pallier un moment d'erreur et de défaillance.

M. l'abbé Sibour, dans un article publié par la *Gazette du Midi*, a fait l'historique de ce journal sur un ton spirituel, mais peu en rapport avec la tristesse du sujet ; il s'agissait en effet de louer sur sa tombe l'inspirateur, le fondateur, le rédacteur de cette feuille dans laquelle il avait mis tant d'âme et tant de talent, que les éditeurs des dernières œuvres d'Ozanam auraient cru ne pas remplir toute leur tâche, s'ils n'y avaient puisé un certain nombre d'articles. En vain nous montre-t-il Ozanam *un peu dans l'ombre, cultivant de préférence le petit coin littéraire;* il n'en déclare pas moins que *les publicistes auraient dû se montrer plus exacts et moins faciles à se laisser entraîner dans des questions ardues et périlleuses*, et que le pauvre navire, *remis aux mains d'un très-habile pilote, fût mené le plus doucement possible échouer dans les eaux de M. de Larochejaquelein*. Or, tout cela ne se fit qu'à la grande douleur d'Ozanam, après une consciencieuse protestation signée par la rédaction et par conséquent par Ozanam lui-même. Il n'y avait plus d'argent, voilà tout le secret. Cette mésaventure des idées d'Ozanam nous inspire, à nous, plus de tristesse et de compassion.

Le P. Lacordaire lui-même a passé cela sous silence, *ne voulant rien dire de ces événements* qui sont trop près de nous, écrit-il, *et quorum major pars fui*, aurait-il pu ajouter. Cette réserve, il se l'est crue imposée par le rôle qu'il a joué avec Ozanam dans cette circonstance; mais il en résulte dans son travail une lacune que plusieurs regrettent vivement. Puisque pour beaucoup c'est là le point où Ozanam a été trouvé vulnérable, il importe fort de savoir s'il faut l'en louer ou l'en absoudre. A chacun la responsabilité de ses actes. Nous pourrions nommer une dame, excellente chrétienne du reste, qui, faisant l'éloge de madame Ozanam, ajoutait avec pitié : Quel malheur pour elle d'avoir épousé un pareil homme! Que de gens, parfaits chrétiens aussi, n'en ont dit, ou du moins pensé tout autant! ne vaut-il pas bien la peine de les détromper, s'il y a lieu?

M. Ampère, s'il ne parle pas de l'*Ère Nouvelle*, tout au moins raconte-t-il les impressions « du jeune catholique « progressif qui avait senti battre son cœur à l'espoir de « l'Italie moderne se régénérant par le catholicisme : un « pape qui proclamait la liberté. Cette épreuve, ajoute-t-il, « était trop forte pour que l'âme enthousiaste d'Ozanam pût « lui résister. Qui oserait lui reprocher aujourd'hui d'avoir « cru à l'alliance de la religion et de la liberté, et d'avoir sa-

« lué cette alliance avec transport?... Il est impossible d'être « sévère pour l'illusion qui lui fait dire : « Pour moi, je restai « quelque temps encore au pied de l'obélisque qui domine la « place, profondément ému par cette pensée, que je venais « de voir la fin du déchirement profond dont souffre depuis « soixante ans la société européenne. »

M. Édouard Dufresne n'a pas craint de montrer Ozanam attendant « l'Italie *régénérée se gouvernant elle-même* et réalisant les promesses téméraires de l'auteur du *Primato ;* » et de repousser toute récrimination, « à l'ordinaire le refuge « de ces esprits médiocres dont le courage n'apparaît qu'a- « près le péril. Les natures comme la sienne, ajoute-t-il, « sont trop vives, trop passibles d'impressions soudaines « pour devenir aptes aux affaires de gouvernement..... il fut « l'ardent promoteur du journal l'*Ère Nouvelle*, destiné à « manifester que la doctrine catholique n'était rien moins « qu'inconciliable avec la démocratie. »

M. Henri Perreyve dans un remarquable travail intitulé : *Du progrès du christianisme* (1), parlant de l'école antichrétienne qui a montré le catholicisme contraire à l'espérance, l'âme de ce siècle, a écrit : « Il fallait qu'un fils de ce « siècle, enfant de l'Église catholique et ami de la liberté, re- « levât le défi et se chargeât de la réponse. »

Tout cela ne suffisait pas pour la défense ferme, énergique d'Ozanam contre ceux qui l'avaient attaqué. Chose triste à dire, il y a dans la publication des œuvres complètes d'Ozanam une lacune qui pourra sembler une faiblesse devant ses adversaires. On n'y trouve pas en effet un long article intitulé : *Les dangers de Rome et ses espérances*, publié dans la livraison du *Correspondant* du 10 février 1848.

Son importance n'est cependant méconnue par personne ; il est indiqué par le P. Lacordaire, par M. Ampère, par M. Dufresne. Il produisit la plus vive sensation dans le monde catholique.

(1) *Correspondant*, juillet 1855.

De tout ce qu'a écrit Ozanam, ce sont les pages qui ont le plus mécontenté ses adversaires et c'est précisément pour cela qu'il n'était pas permis de les omettre.

Tout en y faisant le dénombrement des impatients, des factieux, des ingouvernables, Ozanam signale les intrigues diplomatiques, — les émeutes suscitées pour effrayer le pontife, — l'artillerie autrichienne qui a roulé sur le pavé de Ferrare, — les fonctionnaires publics habitués à vivre d'abus, à considérer les mauvaises pratiques comme des traditions inviolables, et le bien public comme le leur : il dénonce « cette armée d'employés qui ont combattu les premières ré- « formes, par l'inaction bien plus formidable que l'opposi- « tion ; qui les étouffaient dans le silence des bureaux, bien « plus dangereux que les clameurs de la presse ; violant jus- « qu'au secret des lettres du Souverain Pontife, interceptant « les avis qui pouvaient prévenir un désordre et supprimer « un péril. » Enfin il fait le procès « aux absolutistes de tous « les pays et par conséquent du nôtre, » leur reprochant « de semer l'alarme, de faire des émeutes de salons encore « plus funestes à la considération d'un gouvernement que « les émeutes de la rue. » Puis il étudie longuement, en ce qui touche Rome et l'Italie, les raisons de craindre et les motifs d'espérer, et sur ce second point il se reporte avec joie vers les travaux et les pensées d'Italiens illustres tels que le P. Ventura, Orioli, d'Azeglio, Gino Capponi, « un « des flambeaux de la Toscane, le savant Balbo, le prédica- « teur Ambrosoli, si hardi dans sa chaire, Cavour, Tom- « maseo, Cantù, ces penseurs trop peu connus, Galuppi, « Rosmini, Gioberti, qui a fait un dernier livre souveraine- « ment regrettable, mais dont il aime à penser qu'il n'eût « jamais tracé les pages s'il avait pu croire qu'on en ferait « des placards de sédition.

« Il y a longtemps que l'Italie passe pour morte, s'écrie « Ozanam. Le XVIIIe siècle s'était appliqué à établir que chez « cette nation sacerdotale toute vie avait cessé par la faute « de la papauté et du monarchisme. En 1815, les hommes

« d'état mirent la morte au tombeau, en scellèrent la pierre « et y posèrent des gardes... Pie IX est venu, comme le « Christ vint auprès de la fille de Jaïre, il a chassé, lui aussi, « les joueurs de flûte et les pleureuses, et prenant par la « main la belle vierge, il a dit à l'Europe étonnée : Cette « fille n'était pas morte, elle dormait. — Plusieurs lui en « sauront mauvais gré ; il y aura des politiques qui s'inquiè- « teront de compter une nation, par conséquent une diffi- « culté de plus. Il y aura des désœuvrés qui s'affligeront de « ne pas trouver un lieu sur la terre où l'on ne soit réveillé « par le tambour, poursuivi par les échos de la tribune et « de la presse... Pour nous, qui n'avons pas les mêmes sujets « de plainte, espérons que l'Italie ressuscitée ne s'endor- « mira plus... Ainsi, l'Italie donnera un spectacle nouveau, « une preuve de plus, une preuve consolante pour l'Irlande, « pour la Pologne, pour toutes les contrées vendues, muti- « lées, écrasées par leurs maîtres, que les nations chrétien- « nes ne meurent jamais. »

Ce travail se termine par un retour sur le commencement du VIIIe siècle qui amène cette conclusion. « La situa- « tion présente est semblable. La papauté a vu d'un côté « la monarchie absolue, respectable par ses souvenirs, mais « perdue comme se perdent tous les pouvoirs, par ses fau- « tes, par le scandale de ses mœurs, par l'usurpation des « droits de Dieu, par des entreprises sur les consciences... « Maintenant que la papauté a vieilli auprès de la couche « funèbre de la monarchie absolue et qu'elle a pourvu à « la dignité des obsèques, la papauté se tourne du côté de « la démocratie, du côté de ces Barbares des temps nou- « veaux, dont elle ne se dissimule ni les intérêts violents, « ni la dureté de cœur. Mais elle y voit premièrement le « grand nombre, le nombre infini des âmes qu'il faut re- « conquérir et sauver ; en second lieu, la pauvreté que Dieu « aime, la pauvreté qui fait la force, qui ne marchande ni « son sang, ni ses sueurs, à qui l'avenir appartient. Voilà « pourquoi la papauté passe du côté des Barbares... Il est

« temps aussi de sacrifier les anciens ressentiments pour « nous tourner vers cette démocratie, vers ce peuple qui ne « nous connaît pas... » et Ozanam engage fortement à passer aux Barbares.

Tel est cet article, écrit et publié avant les événements de 1848 et que par conséquent on ne peut croire inspiré, comme tant d'autres de ce temps, par l'éloquence de la peur ou l'enthousiasme de la prudence.

Que ces pages ne soient pas l'expression des idées de bien des amis d'Ozanam, qu'importe! Il ne s'agit pas, en publiant les œuvres d'un homme qui n'est plus, d'étudier la prédilection de ses amis pour tel ou tel de ses livres, de se préoccuper d'une harmonie à établir entre leurs tendances religieuses ou philosophiques, politiques ou littéraires, et celles de l'auteur; ce qu'il faut avant tout, par-dessus tout, c'est révéler cet homme tout entier à ses amis et à ses ennemis, au public, à la postérité.

Qu'on puisse le connaître et le juger. L'aimera ensuite ou le condamnera qui voudra, au moins ce ne sera qu'en pleine connaissance de cause.

Nous n'examinons pas ici si Ozanam s'est trompé et sur les principes et sur les faits; si les événements sont venus confirmer ses prévisions ou leur donner un sanglant démenti; nous ne cherchons pas si Rome renfermait plus de dangers qu'il n'en a signalés, ou si elle devait inspirer moins d'espérances qu'il en avait conçues; ce n'est pas la question et il importe peu ici. S'il s'est trompé, qu'il porte la responsabilité de ses erreurs; si voulant faire de la politique il n'a fait que de la poésie, comme disent les gens sensés et positifs, l'opinion le jugera. Et quand il se serait radicalement trompé? Il est encore beau d'errer avec le cœur, de pécher par excès d'amour. Ah! ne flétrissons pas les nobles illusions. Cela console au moins de tant de découragement, d'indifférence, de scepticisme que l'on ne rencontre que trop souvent! D'ailleurs Ozanam mettait assez de prudence dans tout ce qu'il faisait, assez d'étude dans ce qu'il écrivait ou enseignait, assez de soin dans la forme dont il revêtait ses pensées, pour ne reculer devant la responsabilité d'aucun de ses actes, d'aucune de ses paroles, d'aucun de ses écrits. A lui seul il appartiendrait de désavouer quelque chose de son passé. La mort a scellé sa vie à jamais et l'a sacrée de l'inviolabilité du tombeau, n'y touchons pas, nous n'en avons pas le droit. Si on en a jugé autrement, nous n'hésitons pas à déclarer qu'on s'est trompé.

Nous affirmons que les œuvres d'Ozanam sans ce travail sont incomplètes, puisqu'il y manque un ensemble d'idées, de principes qui étaient souvent sa grande préoccupation. Pour nous, voulant avoir sa pensée entière, nous tiendrons comme un devoir d'ajouter cet article à la suite des mélanges contenus dans les deux derniers volumes, et nous engageons tous ceux qui pourraient se le procurer à en faire autant.

On peut se souvenir que ce travail n'avait été fait que pour une lecture publique, au Cercle catholique ; mais il souleva au milieu de la jeunesse, du clergé, et des illustrations catholiques qui l'entendirent, de tels applaudissements, un tel enthousiasme, qu'Ozanam, pressé par tous, dut promettre, avant de quitter la séance, de le livrer à la publicité. Quelque temps après, il paraissait dans le *Correspondant* qui, non content de le donner dans ses colonnes, crut devoir le tirer à part.

Ce travail est une réponse décisive aux débats qui se sont élevés naguère entre l'*Univers* et le *Journal de l'Instruction publique*, ou, pour mieux dire, entre M. Veuillot et M. Frédéric Morin. Ce dernier, tout en rendant un juste hommage au talent et aux qualités personnelles d'Ozanam, avait fait certaines réserves sur quelques-unes de ses idées philosophiques développées plus particulièrement dans son livre sur Dante. M. Veuillot, comme un ennemi blessé au cœur, s'est retourné contre lui, et lui a lancé une de ces admonestations de sa façon ; un vrai coup de massue à abattre un homme et à le laisser sur la place. Grande était l'indignation de M. Veuillot, grande sa colère; l'heure était venue, disait-il, d'exhiber à ses lecteurs un nouveau libre penseur, et en effet il en faisait montre au public, comme on fait la parade au champ de foire. Libre penseur voulant dire hérétique, impie, philosophe (c'est tout un), nous avons éprouvé quelque surprise à voir baptiser ainsi un nom qu'on avait rencontré maintes fois au bas des articles du *Correspondant* de l'ancienne rédaction ; or, nous ne sachions pas que cette rédaction toute chrétienne et toute modérée, dans le sens le plus large du mot, ouvrît ses rangs à de libres penseurs de cette sorte.

Certes, nous ne signerions pas l'article de M. Morin, nous lui contesterions même plusieurs points, nous lui demanderions certaines distinctions; mais de là aux bourrasques que cet article a dû essuyer, il y a loin.

M. Morin, dont la pensée ferme, énergique, se traduit d'habitude en un style vigoureux, net, souvent même trop net, pour ne rien dire de plus, vis-à-vis les idées qu'il combat et les hommes qu'il attaque, avait, en cette circonstance, laissé échapper à sa plume quelques mots qui manquaient peut-être de précision : il parlait d'Ozanam épelant de mieux en mieux l'Evangile,... marchant dans une glorieuse métamorphose,... allant entrer dans une phase plus large. Comparaison n'est pas raison; mais n'est pas crime. Châteaubriand, Ballanche, Lamartine, ajoutait M. Morin, ont été amenés à leurs dernières idées par le mouvement de leur génie ou par la leçon des événements... Le secret de la transformation d'Ozanam fut tout entier dans son esquise moralité et, pour ainsi dire, dans l'admirable élan d'une vertu supérieure... Chaque vertu nouvelle l'engageait dans une sympathie plus vive pour les temps nouveaux.

Ce que M. Veuillot devait répondre est juste le contraire de ce qu'il a écrit : « Oui, aurait-il dû dire, Ozanam a été « de ces hommes qui ont trempé dans les eaux du siècle, « eaux de mensonge et de perdition, voilà pourquoi nous « l'avons combattu, pourquoi, malgré les liens étroits

« d'une même foi, nous avons rompu avec lui sur tout ce qui « touche les choses humaines et l'application à la société « des principes éternels de l'Évangile. Aussi souvenez-vous « comme nous l'avons poursuivi de nos attaques, de nos « sarcasmes. Nous lui avons courageusement reproché sa « mollesse, son indifférence, sa tiédeur, son oubli des vrais « intérêts de l'Église. Nous n'avons gardé envers lui ni me- « sure, ni ménagement, et même, chose que vous auriez « peut-être peine à croire, si nous ne l'affirmions nous-mê- « me, nous lui avons presque contesté son orthodoxie. « N'avait-il pas fait acte de démocratie dans sa publication : « *Rome, ses dangers et ses espérances ?* Voyez plutôt l'*U-* « *nivers* du 3 juillet 1850. Cela vous étonnera peut-être de « nous entendre briser ainsi avec un catholique aussi savant, « aussi bien posé ; mais lui-même ne cachait pas sa désaf- « fection pour nous, ou du moins pour nos idées, pour nos « habitudes de journaliste, pour notre ligne politique. »

Alors on eût été dans le vrai. Mais au lieu de cela on est venu prendre la défense d'Ozanam et le réclamer comme son collaborateur !

Nous nous sommes arrêté sur cet article de la *Revue de l'Instruction publique*, parce qu'il a été l'occasion des étranges réclamations de l'*Univers*. Puisque nous y sommes nous dirons deux choses en passant à M. Morin : la première, qu'il s'est peut-être un peu battu contre un fantôme évoqué par lui du livre d'Ozanam et que nous n'y voyons pas apparaître aussi menaçant ; la seconde, qu'il semble n'avoir pas connu la pensée vraie, entière d'Ozanam sur le moyen âge, formulée particulièrement dans les volumes de la civilisation au ve siècle.

Cela tient peut-être à la loi du progrès telle que M. Morin la comprend, si nous en jugeons d'après ce qu'il a dit. Pour lui, une idée nouvelle a bien quelques antécédents naturels, atômes spirituels, décomposés et réorganisés, mais l'humanité procède par révolution. Il y a là une inexactitude ; il est bien vrai que l'humanité ne se développe pas par une évolution placide d'une théorie de plus en plus comprise, étendue, mais il faut bien reconnaître que la vérité est une, éternelle, et que toutes les vérités reconnues et proclamées ne sont et ne peuvent être que des côtés de cette vérité première. Les siècles ne sont pas plus des époques séparées que les nations ne sont des familles désunies, sans relations, sans consanguinité. Le genre humain est un, c'est ce qui fait son harmonie et sa grandeur, et les fils héritent tout autant des idées que du sang de la génération qui les précède; le temps, grâce à Dieu, corrige les vices du sang et dissipe les erreurs, mais ce qui est vrai, juste, bon, doit éternellement subsister, et malheur aux individus comme aux sociétés qui l'oublient! Quand un progrès est réalisé, c'est une ingratitude et un crime de le méconnaître, d'y renoncer : une ingratitude envers ceux qui ont souffert pour le conquérir et nous le transmettre, un crime envers soi-même qu'on dégrade, envers la postérité à laquelle on ravit son bien le plus précieux. Nous avons beau faire, a dit Ozanam, nous ne sommes pas aussi indépendants que nous le voudrions, et nous tenons à nos pères par la responsabilité de leurs fautes comme par la reconnaissance de leurs bienfaits. Non, les idées ne sont pas séparées comme beaucoup veulent le dire. Il n'y a même pas une séparation complète entre le monde ancien et le monde moderne que divise pourtant l'abîme de la révolution chrétienne; saint Augustin à travers les siècles donne la main à Platon et saint Thomas d'Aquin à Aristote. La Renaissance, ce retour violent vers l'art antique, a des racines même dans ce moyen âge avec lequel elle brisera si ouvertement, mais chez qui les dieux anciens ne meurent jamais complétement.

Ce qui fait l'erreur de M. Morin, c'est qu'il prend l'explosion pour la révolution. Lorsque le canon recule et tonne sous la mèche enflammée, c'est que la poudre avait été auparavant enfouie dans ses entrailles; si la vapeur s'élève, se condense et emporte la locomotive, immobile il y a un instant, c'est qu'il y avait dans ses flancs l'eau et la flamme.

Il ne faut pas chercher ici d'analogie avec les mouvements politiques des peuples. Aujourd'hui Charles Ier, et demain Cromwell; aujourd'hui la servitude des Juifs chez les Égyptiens, et demain la liberté au désert; aujourd'hui la monarchie à Rome avec Tarquin le Superbe, et demain la république avec Brutus et Collatin. Cela tient à ce que ces brusques changements sont ordinairement l'affaire de la force; et encore ne sont-ils qu'une explosion préparée de loin. Cromwell ne remplace en effet Charles Ier qu'après avoir travaillé de longue main à son avénement par l'astuce et l'intrigue; si les Juifs n'avaient pas été lassés du joug de l'étranger, ils n'auraient pas ainsi marché à la voix de Moïse; et le peuple romain ne se soulève aussi unanimément autour de Lucrèce offensée, que parce que sa patience a été poussée à bout depuis longtemps.

Mais dans le domaine des idées, tout se tient, tout s'enchaîne; là où il semble y avoir solution de continuité, l'œil habile sait découvrir quelque imperceptible lien qui soude un siècle à l'autre et forme un des anneaux de la longue chaîne de l'humanité.

Quoi qu'il en soit, toujours est-il que M. Veuillot, pour dire toute notre pensée, nous semble avoir été entraîné à faire un plus grand éloge d'Ozanam pour tancer plus vertement M. Morin.

VII.

On ne peut véritablement trop s'attrister à la vue d'attaques aussi injustes que celles signalées plus haut, lorsqu'on pense à l'homme contre lequel elles ont été dirigées. Quand ses vertus ne pouvaient lui faire trouver grâce devant l'*Univers*, sa dignité d'écrivain suffisait à lui concilier l'estime et le respect de ceux mêmes qui ne partageaient pas ses convictions religieuses. Il y a, dans la préface des Germains avant le christianisme, des lignes qui attestent suffisamment le courage, le zèle, l'énergie d'Ozanam. « Ceux, dit-il, qui ne « veulent pas de croyance religieuse dans un travail scienti- « fique, m'accuseront de manquer d'indépendance, mais je ne « sais rien de plus honorable qu'un tel reproche. Je ne con- « nais pas d'homme de cœur qui veuille mettre la main à ce « dur métier d'écrire sans une conviction qui le domine, dont « il dépende par conséquent. Sans doute, il ne convient pas « de multiplier les professions de foi ; mais qui donc aurait « le courage de toucher aux points les plus mystérieux de « l'histoire, de remonter à l'origine des peuples, de se don- « ner le spectacle de leurs religions, sans prendre un parti « sur les questions éternelles qu'elles agitent? »

Nobles et touchantes paroles pleines de dignité et de vérité! Qu'est-ce en effet que l'écrivain sans l'idée, sans la foi? Un mercenaire du caprice, de la fantaisie, de la mode, un ouvrier inutile. A quoi se réduit sans la conviction le rôle de celui qui a l'honneur de tenir une plume? Il tombe au niveau d'un vil métier. Que signifie la parole de celui qui parle et qui sent qu'il y a là des oreilles ouvertes pour recueillir un enseignement? Sa voix n'est plus qu'une cymbale retentissante. A quoi bon fatiguer le marbre avec le ciseau et le marteau et le faire voler en éclats sous leurs coups? Pourquoi vouloir donner la vie à la toile avec le crayon ou le pinceau? Pourquoi méditer longuement les lois mathématiques qui doivent présider à l'érection des monuments et en assurer, avec la grâce et l'élégance, la beauté et la solidité? Pourquoi chercher, dans les mélodies savamment étudiées, à traduire les harmonies célestes, à redire le vague de l'âme, ses joies et ses tristesses? Pourquoi s'épuiser à condenser sa pensée dans un rhythme cadencé, sous une forme mélodieuse, en un nombre poétique? Qu'est-il besoin de chaires et de tribunes aux harangues? En un mot, pourquoi l'art dans l'humanité, et qu'avons-nous à faire des poëtes, des orateurs, des artistes? Plus n'est besoin que de savants, de mathématiciens et d'industriels. Le mouleur et le praticien arrivent à une exactitude et à une perfection que le sculpteur n'atteindra jamais : — c'en est fini de Phidias et de Michel-Ange. La photographie donne une précision que le dessinateur ne réalisera jamais : — Raphaël et Poussin deviennent inutiles. Le soleil qui reproduit la ligne et les ombres va peut-être retracer la couleur : — il faut briser la palette de Rubens et de Véronèse. L'orgue de barbarie et les serinettes répètent sans fin et au commandement l'air que notre oreille attend : — Mozart et Beethoven ont fait leur temps, ou tout au moins n'ont-ils plus besoin d'interprètes.

Mais comprise comme Ozanam la comprenait, la mission de l'artiste, quel qu'il soit, poëte, orateur, écrivain, statuaire, architecte, peintre, musicien, devient un apostolat, nous avons presque dit un sacerdoce. Tâche rude et difficile, à laquelle il faut apporter un dévouement absolu pour se sacrifier soi-même à la vérité ; un courage infatigable pour ne faiblir devant aucun sacrifice, aucune épreuve ; une prudence incalculable pour réprimer incessamment toute personnalité et tout orgueil, pour ne rien hasarder qui ne soit juste et vrai.

C'est surtout dans une époque de doutes et de déchirements comme la nôtre, au milieu d'une société qui élève et détruit, qui aujourd'hui jette les assises d'une organisation qu'elle proclame immortelle, et qui demain n'en laissera pas pierre sur pierre ; c'est à ces époques de transition et d'enfantement que la mission de l'artiste est solennelle. Ce n'est pas pour rien que la fable nous montre Orphée, la lyre à la main, domptant les bêtes féroces, ravissant les oiseaux, charmant même les êtres insensibles. Il faut que tout devienne un enseignement, un conseil, une vertu, une profession de foi ; il faut que tout soit une tribune et une chaire : le marbre du statuaire comme la toile du peintre, le journal du politique comme le livre du philosophe, le drame de l'écrivain aussi bien que le chant du poëte.

Nous avons insisté sur ce point, au sujet de cette citation, parce qu'Ozanam nous paraît avoir été le type de l'artiste amoureux de son art pour le bien qu'il peut faire, pour la vérité qu'il peut enseigner, pour la justice et la moralité qu'il peut développer dans l'individu et dans la société. Il n'est que trop utile d'ailleurs de répéter ces paroles qu'il faudrait faire retentir aux quatre vents du ciel, dans un temps où on a si souvent vu la littérature déserter les autels du beau, pour passer de la futilité à la corruption.

Que chaque écrivain ne mette donc la main *à ce dur métier d'écrire,* qu'avec une conviction qui le domine et dont il dépende; qu'il prenne parti sur les questions éternelles qui nous agitent, les lettres se relèveront alors de l'abaissement dans lequel elles languissent. Ce qui manque aujourd'hui, ce n'est ni le talent, ni le savoir, mais l'âpre énergie du dévouement à l'idée. C'est la lutte, il est vrai, mais c'est la vie, car qui combat, vit : il n'y a que les lâches qui deviennent la proie de la mort. Or, la vérité ne craint pas la lutte et les catholiques doivent la désirer plus que personne, assurés de la sainteté, de la vérité de leur cause. Il y a en France assez de séve dans les esprits, assez de courage dans les cœurs, pour qu'on puisse espérer cette guerre solennelle et suprême ; assez de franchise et de loyauté, pour que les combats se livrent avec toutes les règles de l'honneur ; assez de bonne foi enfin, de bon sens et de droiture pour que les yeux s'ouvrent à la lumière. Ayons donc, de part et d'autre, la triste audace de l'erreur et le noble courage de la vérité.

VIII.

Nous n'en avons pas encore fini avec l'*Univers*. Il nous reste à examiner la question soulevée par lui, au sujet de la fondation des Conférences de Saint Vincent de Paul.

Nous déclarons d'abord qu'il nous importe fort peu qu'Ozanam ait fondé ou non les Conférences ; nous n'engageons donc ici aucune dispute d'intérêt ou de sympathie,

Nous traitons simplement une question d'histoire, mais comme il convient, avec la prudence, l'indépendance et le courage, sans lesquels il n'y a véritablement ni histoire ni historien.

La controverse serait close depuis longtemps, si les intéressés, et tous ceux qui gardent le souvenir des faits discutés, avaient consenti à ouvrir la bouche. En vingt-quatre heures on en eût fini avec un débat qui dure depuis des mois. Qu'on ne nous parle ni de la réserve des uns, ni de la dépendance des autres. Nous sommes aussi lás de ceux qui se croient obligés à d'éternelles réserves, que de ceux qui ne se sentent jamais indépendants. Que de gens de tous les côtés, non indépendants, qui se taisent quand il faudrait parler et qui parlent lorsque leur conscience leur crie de se taire, dont la vie n'est que le perpétuel travestissement de leurs convictions!

C'est M. Aubineau qui a entamé ce procès en déclarant « que l'œuvre des Conférences de Saint Vincent de Paul, « née de circonstances fortuites, ne saurait reconnaître de « fondateur, mais que s'il fallait en proclamer un, ce ne « serait peut-être pas Ozanam, mais un chrétien moins élo- « quent et plus obscur, que le Saint-Père a distingué entre « ceux qui ont les premiers participé à cette bonne œuvre « et à qui il a adressé un bref de félicitations (1). » Il discute, il argumente, il invoque la tradition, il cite les actes officiels de la Société de Saint Vincent de Paul, il combat au nom d'un bref du Pape, et finalement il déclare ne pouvoir décerner à Ozanam le titre de fondateur que le Pape a attribué à un autre.

La *Gazette de Lyon* a combattu pied à pied le dire de l'*Univers*. Elle l'a fait avec une énergie dont nous aimons à la louer, avec une convenance qu'il était difficile de garder en présence de l'attaque et des répliques de M. Aubineau. M. Veuillot est certes passé maître dans l'art de la discussion acerbe, grossière, et personne au monde ne lui en

(1) 11 février 1856,

remontrerait sur ce chapitre ; il peut rendre des points, sans craindre d'être jamais battu, à la plus ferrailleuse plume de France et de Navarre. Mais ses corédacteurs, tout en sentant leur faiblesse et leur impuissance, ne perdent pas de vue leur modèle et s'essaient à monter leur style au diapason de ses injures. De là, cet ensemble et cette harmonie que l'on sait, dans la rédaction de la feuille très-chrétienne. M. Aubineau est un bon disciple, il a parfois des traits véritablement dignes du maître. « Que la *Gazette* se taise ou « s'informe avant de parler, » disait-il. Surtout ne lui parlez pas du temps passé, « ce temps, non pas où les bêtes par- « laient, mais où la France vivait sous le régime parlemen- « taire ; » n'insistez pas trop sur l'action d'Ozanam dans le mouvement religieux, car « lorsque Ozanam, âgé de 18 ans, « arriva à Paris, le monde continua de rouler sur son axe « et rien ne fut innové dans l'Église. » (22 février 1856.)

Les gros mots menaçaient de ne pas avoir raison, et M. E. Veuillot s'est cru obligé de venir en aide à M. Aubineau. Il résume le débat, déclare la cause entendue et prononce solennellement l'arrêt. Un seul point est réformé par lui, c'est la déclaration de M. Aubineau relative au bref.

Ceci mérite attention. M. Aubineau invoquait hier un bref, qui décernait le titre de fondateur à M. Bailly, « espérant « que la *Gazette* ne l'accuserait pas de supposer un acte du « Saint-Père. » Aujourd'hui M. E. Veuillot écrit : « Ce n'est « pas sous forme de bref, comme nous l'avons dit, que le « Saint-Père a donné un témoignage de sa bienveillance à « celui que les traditions de la Société ont toujours désigné « comme le fondateur des Conférences ! »

Ah ! ce n'est plus sous forme de bref? sous quelle forme donc? Dites-le-nous formellement. Vous avez singulièrement piqué notre curiosité et nous brûlons de la voir satisfaite. D'autant plus que ce *bref*..... non, ce *témoignage*, ne *proclame* plus M. Bailly fondateur, mais exprime simplement de la bienveillance à M. Bailly que *les traditions proclament*.

C'est tout cela ! Ce serait peut-être le cas de dire ici, si nous étions aussi peu honnêtes que d'autres, qu'on se taise ou qu'on s'informe avant de parler; mais nous nous contenterons de constater que ce bref, si pompeusement invoqué d'abord, a été ensuite adroitement retiré. Cela suffit à la cause.

Le débat prenait de telles proportions, que des voix officielles ont cru devoir se faire entendre. Le *Bulletin* de la Société de Saint Vincent de Paul, dans le numéro de mars, renferme à ce sujet une note signée du président et du secrétaire du conseil général. Or, nous le disons à regret, cette déclaration n'est bonne qu'à perpétuer les incertitudes et continuer la guerre. « La Société, déclare-t-on, a été « guidée dès l'abord par l'expérience et l'autorité de chré- « tiens déjà versés dans la pratique des bonnes œuvres; elle « doit son développement et ses progrès à un élan de cha- « rité parti du cœur de la jeunesse catholique. » Mais ce n'est pas là la question; il ne s'agit de savoir ni qui a *guidé*, ni qui a *développé*, ni qui a *fait progresser*, mais, ce qui est bien autre chose, qui a *fondé*.

Par malheur, le *Manuel des Conférences* n'est pas à l'abri de tout reproche. La contradiction y est flagrante. Nous sommes profondément affligé d'avoir à soutenir semblables choses et surtout de pouvoir les prouver, mais qu'y faire? Si la note publiée par le *Bulletin* est inutile, ce n'est pas notre faute; si la contradiction se lit dans le *Manuel*, ce n'est pas à nous qu'il faut s'en prendre. Ouvrons donc le *Manuel* :

« Ce fut M. Bailly qui, en 1833, à une époque où beau- « coup d'hommes de bien, encore intimidés, se tenaient à « l'écart des bonnes œuvres, eut la pensée de réunir, dans un « but de charité, sous le patronage de Saint Vincent de Paul, « un petit nombre de jeunes gens bien éloignés de s'attendre « à cette heureuse multiplication que nous voyons aujour- « d'hui.... Il lui fut représenté que s'il pouvait cesser d'être « le président de la Société, il ne cesserait jamais d'en être « le fondateur. » (Circulaire du conseil général du 11 juin

1844, signée par MM. Ozanam et Cornudet, vice-présidents, et par M. H. de Baudicour, secrétaire.)

« M. Bailly a été le fondateur, le modérateur et le père de « la Société. » (Circulaire du 15 août 1844, signée par M. J. Gossin, président.)

D'un autre côté, dans un chapitre intitulé *Origine de la Société,* on lit « qu'en 1833, dans le quartier des écoles, se « tenait une conférence littéraire où de jeunes esprits abor- « daient des questions religieuses ; — que ceux d'entre eux « demeurés catholiques se lièrent d'une forte amitié ; — « qu'ils se demandèrent si leur foi ne devait pas se traduire « par quelque œuvre plus consolante ; — qu'ils jugèrent « bon d'établir une espèce d'association exclusivement chré- « tienne, où la charité seule présidât ; — qu'ils placèrent « cette association sous l'invocation de Saint Vincent de Paul ; « — que les premières réunions ne comptaient que 8 *mem- « bres ;* — que cette Société *de* 8 *étudiants* était plus riche « en charitables intentions qu'en argent ; — que telle fut la « pensée ou plutôt l'instinct et le besoin d'association d'où « sortit cette première conférence. »

Cela est-il clair ? 8 *membres !* 8 *étudiants !* M. Bailly était-il étudiant en 1833 ?

Ce désaccord entre l'historique de la Société et la circulaire de 1844, s'explique par des faits que nous ne voulons qu'indiquer. Qu'il nous suffise de dire que M. Bailly, préoccupé d'affaires, d'intérêts de famille, comme il le dit dans ses adieux, se démettait des fonctions de président, et qu'Ozanam, entraîné par la charité, a dit un mot de trop quand il a exprimé la reconnaissance de ses confrères pour les services, immenses d'ailleurs, rendus à la Société par M. Bailly. Ceci est un fait avéré, incontestable ; nous l'affirmons sur les dépositions de ceux qui sont entrés les premiers dans la Société, et nous espérons qu'on ne nous forcera pas à en dire davantage.

Nous acceptons donc pour vrai et pour uniquement vrai, pour historique, le chapitre du Manuel intitulé : *Origine de la Société.* Il est l'expression de la tradition telle que nous l'avons recueillie auprès des anciens membres. La voici :

Il y avait en 1833, place de l'Estrapade, un cercle où les jeunes gens discutaient les questions littéraires, philosophiques, religieuses. Les luttes étaient vives. Un jour, un membre de l'assemblée, qui a publié depuis des études sur les provinces Danubiennes, lança cette apostrophe aux défenseurs de l'Église : Vous êtes des hommes inutiles. Un camarade d'Ozanam (il n'est pas nécessaire de le nommer), ému sans doute de l'attaque, lui dit : Pourquoi donc toujours parler de charité? faisons-en plutôt. Ce mot porta son fruit. Bientôt on s'agite, on s'encourage, on discute, on délibère. Ozanam est l'âme de ce mouvement, de ces discussions, de ces délibérations. Une réunion est fondée, huit étudiants ont resserré par la charité les liens de l'amitié. Ils sont jeunes et pleins d'ardeur, mais sans ressources et sans expérience ; M. Bailly a été mis dans la confidence, il accourt et mêle la sagesse et les vertus de son âge à l'activité et au dévouement de la jeunesse.

Voilà nos conférences ! voilà nos fondateurs ! Ce sont tout à la fois ceux qui ont conçu l'idée, ceux qui l'ont développée, ceux qui l'ont établie et dirigée.

Cependant, l'*Univers* ayant voulu contester l'action d'Ozanam et ses titres à notre reconnaissance, nous avons été obligé de bien déterminer son rôle. Ozanam a été la cheville ouvrière (déclaration de plusieurs anciens). « Un jour, « il en vint à expliquer par quels efforts il avait pu, dans un « petit cercle d'amis généreux, fonder enfin cette Société de « Saint Vincent de Paul, qu'il aimait d'un amour de père... « Nous nous rappelons cette causerie comme si elle était « d'hier... Nous ne pensions pas qu'un débat inconvenant, « soulevé par des plumes peu bienveillantes à une si aimable « mémoire, nous fournirait l'occasion de la rappeler. » (Georges Gaudy, dans l'*Ami de la Patrie* du 15 mars.) — « S'il est vrai que la Société de Saint Vincent de Paul a été

« fondée par plusieurs, il n'est pas moins vrai que Frédéric « Ozanam a eu une action prépondérante et décisive dans « cette création. C'est lui qui a partagé avec un autre étu-« diant l'idée première d'une réunion dont les membres « uniraient à leur foi la pratique des œuvres de charité. « C'est lui qui a usé d'initiative pour amener la réalisa-« tion de ce projet. C'est lui qui a décidé la plupart des « premiers coopérateurs à faire acte de dévouement en-« vers les pauvres, aucun d'entre eux n'ayant appartenu à « des associations antérieures. On a donc prétendu à tort « que M. Bailly était le fondateur de la Société de Saint Vin-« cent de Paul. Il n'en a pas eu la pensée créatrice. Il n'en « a pas trouvé et associé les premiers éléments. Il n'a jamais « donné aucun enseignement de nature à la faire naître. « Des services dignes de reconnaissance, mais d'une nature « différente, sont les siens (1), etc... » (*Gazette de Lyon,* 25 mars. Déclaration du 20 mars. MM. F. Alday, J. Arthaud, C. Biétrix, A. Bouchacourt, Chaurand, J. Frenet, L. Janmot, A. Lacour, L. Lacuria, C. Lacuria, P. de La Perrière, Eugène Rieussac, membres de la première Conférence de Saint Étienne du Mont, à Paris. — Adhésions des 20 et 21 mars de MM. Aimé Bouvier, à Bourg, et Henri Pessonneaux, à Paris.) — « Ozanam m'en parla le premier, je le considère « comme le fondateur. » (Lettre de J. Devaux, de Trévière, Calvados ; un des huit premiers trésoriers de la première Conférence.) — Ozanam, un des fondateurs de la Société, notre guide et notre modèle. (M. Cornudet, vice-président de la Société. Séance générale du 8 décembre 1853.) — La Conférence de Saint Vicent de Paul, fondée entre sept ou huit amis. (M. Beaudon, président de la Société. Séance générale du 6 mars 1854.) — Ozanam, vice-président général de la Société et l'un de ses fondateurs... Il a pris une part si décisive à sa fondation. (M. Beaudon, circulaire du 11 no-

(1) Le reste de la note détermine quel fut le rôle de M. Bailly, en rendant un juste hommage à des services qu'on ne saurait oublier.

vembre 1853.) — Ozanam, l'un de ceux qui avaient vu les commencements de la Société et qui avaient le plus contribué à sa fondation et à son développement. (Bulletin de la Société du mois d'octobre 1853.)

Ce n'est pas notre voix, ce sont toutes ces voix, qui proclament Ozanam, fondateur des Conférences de Saint Vincent de Paul, qui le disent, qui l'écrivent, qui le crient à qui veut l'entendre.

En présence de ces quelques témoignages recueillis entre bien d'autres, au milieu de ces voix qui se sont fait entendre si unanimement et si énergiquement, M. Bailly ne peut garder plus longtemps un silence qui attriste et étonne même ses amis. Nous pouvons affirmer qu'il est affligé du rôle qu'on lui fait jouer. Nous attendons donc une parole de lui, et nous avons la confiance que nous ne serons pas trompé dans notre attente : ses vertus, que nous n'osons louer comme elles le méritent, nous en répondent.

Il est impossible d'ailleurs, que le débat en reste où l'*Univers* l'a laissé. M. le président des Conférences, attristé de ces discussions, est intervenu auprès de l'*Univers* pour les faire cesser, et arrêter dans ses colonnes la publication de la note de la *Gazette de Lyon*, signée par les meilleurs juges en cette matière. L'*Univers* s'est empressé de saisir une occasion, qui tout en lui donnant le rare mérite d'une déférence à un conseil, lui imposait un heureux silence à un moment difficile. Cette haute intervention a eu pour triste conséquence, d'empêcher cette énergique et décisive protestation d'arriver à la connaissance des lecteurs de l'*Univers*.

Nous n'en finirions pas, si nous voulions suivre pas à pas l'action d'Ozanam dans les Conférences. Dès que la première réunion fut devenue nombreuse, c'est lui qui en proposa le dédoublement ; là était l'avenir de la Société et cependant son avis ne prévalut pas sans peine. Il fut combattu entre autres par un de ses amis que nous pourrions nommer, et qui s'attristait de voir détendre des liens fraternels formés parmi les premiers membres, et éparpiller dans la capitale une amitié que la charité avait cimentée. Mais un chaleureux discours d'Ozanam, communiqué à celui qui nous racontait le fait, pendant qu'ils se dirigeaient ensemble vers la place de l'Estrapade, convainquit les intelligences, toucha les âmes : la dispersion fut votée. On se divisa donc, le cœur serré, en deux Conférences. Ozanam, contrairement à la pensée de ceux qui confessent aujourd'hui leur erreur, avait vu plus qu'une réunion d'amis dans cette fondation dont il disait plus tard : « C'est une franc-maçonnerie à ciel « ouvert, elle remplira le monde. »

IX.

Lorsque nous avons parlé de la biographie d'Ozanam, par le P. Lacordaire, nous n'avons pu nous arrêter en présence de ce travail et le saluer en passant; qu'il nous soit permis ici de faire un pas en arrière, et de feuilleter un moment ces pages. Les plus hautes et les plus difficiles questions y sont touchées avec une délicatesse inouïe, une finesse extrême; on voit que l'écrivain évite tout ce qui pourrait blesser et irriter, mais sans taire ou déguiser sa pensée. Une phrase, un mot souvent résume admirablement tout un ensemble d'idées.

Il y a des hommes qui veulent river la religion à des institutions humaines; « ils sont semblables, dit le P. Lacor- « daire, au navigateur qui, rencontrant une île assise sur « le roc dans les profondeurs de l'Océan, voudrait l'attacher « à son navire et l'amener de rivage en rivage sous un ciel « nouveau. » D'autres, pleins de la pensée de Dieu et de l'Église, se persuadent que le monde n'est rien; à ceux-ci il répond : « Le monde aussi a Dieu pour auteur. Le chrétien « donc, s'il met la grâce au-dessus de la nature, l'Église au- « dessus du monde, ne les sépare point dans ses pensées et « ses travaux. » Mais si quelqu'un voulait conclure de là, la fusion du spirituel et du temporel, il ajoute bien vite : « Ou s'il paraît les séparer dans une certaine mesure et en « un certain sens, c'est encore pour mieux les unir en leur « épargnant des chocs dangereux. » Que si quelqu'autre est scandalisé en voyant dans l'histoire, des Papes s'attacher à des institutions usées : « C'est qu'ils y voyaient un prin- « cipe d'ordre, quoique corrompu, un abri tutélaire, quoi- « que vieilli. » Enfin, si on ne comprend pas comment ils peuvent venir à changer de ligne de conduite, « c'est qu'en « ces matières où le temps se projette sur l'éternité, l'É- « glise n'a plus la même assurance pour se soutenir dans une « inébranlable conduite, et d'un pape à l'autre, d'un siècle « à un autre siècle, l'aspect des choses peut apparaître di- « versement. Le temps révèle les choses du temps, comme « l'éternité révèle les choses de l'éternité... » Qu'on pèse ces paroles et on verra tout ce qu'elles contiennent. Il faut lire les pages où il résume en quelques mots les deux opinions qui divisèrent les catholiques au commencement du siècle à l'endroit de la révolution de 1789, et qui se sont perpétuées jusqu'à nous ; il n'est pas difficile de voir de quel côté il se range, à l'éloquence avec laquelle il expose la thèse de la génération nouvelle. « Quand les tombes de Saint-Denis furent « ouvertes et que les os des rois parurent dans la main des « enfants, l'Histoire, sans justifier le crime, pouvait l'expli- « quer, et Dieu, qui pèse les rois sur leurs trônes, les pèse « aussi dans leurs tombeaux..... Dieu n'a-t-il pas *fait gué- « rissables les nations de la terre ?*... N'est-ce pas le chris- « tianisme qui a révélé aux hommes leur égalité devant « Dieu, et y a-t-il si loin de l'égalité devant Dieu à l'égalité « devant la loi !... Le moyen âge avait ressuscité la liberté « politique sous une forme qu'ignorait l'antiquité, et de cette « forme étaient sortis les peuples modernes, avec la mo- « narchie tempérée qui faisait leur force et leur bonheur. » Quant à la liberté religieuse, « il avait fallu choisir entre « une persécution réciproque, dangereuse pour tous, tôt ou « tard odieuse à tous, et une liberté honorable aux forts et

« aux faibles, leur laissant aux uns comme aux autres, le « prosélytisme de l'intelligence et de la vertu. »

On sent dans ces pages un reflet des anciens maîtres de la langue française uni à ce je ne sais quoi d'ému, de palpitant que notre siècle a donné à la plume de quiconque a vécu de sa vie, souffert de ses souffrances, dont l'intelligence a frémi sous le contre-coup des révolutions qui l'ont enfanté, dont le cœur a battu pour ses nobles espérances et ses sublimes aspirations.

Merci donc à vous, qui du fond de votre retraite nous envoyez encore de ces accents qui font vibrer nos âmes, comme autrefois au pied de la chaire de Notre-Dame, et qui réussiriez à nous consoler, si l'on pouvait se consoler jamais de votre silence.

Il y a cependant dans le travail du P. Lacordaire quelques lignes justes d'ailleurs, mais qui ne peuvent guère s'appliquer à Ozanam; il semble que celui-ci ait prévu l'objection et ait voulu d'avance y répondre. « Il est un piége, dit le « P. Lacordaire, qu'Ozanam n'évita point. Dès qu'il fut « heureux, il voulut donner son bonheur et augmenter le « sien en le partageant. Oserai-je dire, quoique Dieu l'ait « absous en bénissant son union, qu'il était encore bien « jeune pour une félicité si ennemie des grandes muses? « Comme le prêtre, l'homme de lettres est consacré, et si « le ministère des âmes exige un culte de soi-même, le « ministère de la pensée, quand on est digne de lui, exige « aussi des austérités. Il est difficile, au milieu des joies « domestiques, de conserver l'assiduité du travail et la « liberté de l'intelligence, et plus difficile encore de retenir « ses besoins dans la modestie de ses ressources. La pau- « vreté est la compagne inévitable de l'homme de lettres qui « a résolu de ne vendre sa plume ni à l'or ni au pouvoir; « et la pauvreté n'est douce qu'à l'homme solitaire qui vit « dans l'immortalité de sa conscience et n'a jamais qu'un « malheur à prévoir ou à porter. Mais Ozanam était d'un « siècle où l'on n'attend pas, et il se laissa prendre à la cer-

« titude de rendre heureuse avec lui une chrétienne rachetée « du même sang que lui. Il ne se trompait pas, il avait « amassé dans son cœur un trésor de chasteté qui était « le signe d'un trésor de tendresse, et il pouvait s'exposer « sans crainte à ce flot des ans qui emporte tout amour, « excepté l'amour produit et gardé par la vertu.... » Il y a certes là plus d'éloge que de blâme : toutefois, le P. Lacordaire, malgré toutes ses réserves, a reproché à Ozanam de n'avoir point évité ce piége. Ne pourrait-on pas lui répondre par cette lettre que celui-ci écrivait à un ami : « Cette première ivresse du cœur qui suit le mariage ne « saurait faire oublier les droits de l'amitié. Il semble même « que la sensibilité, plus émue, soit plus impressionable « encore, et qu'on ait trop de bonheur pour ne pas sentir le « besoin de le voir partagé autour de soi...... La route « commune est la moins dangereuse, l'esprit ne perd rien à « être fixé; et c'est un grand point d'avoir donné à l'existence passagère d'ici-bas le terrain solide de la famille. La « compagne que Dieu m'a choisie ne peut être pour moi « qu'une nouvelle inspiration et non pas un obstacle. »

Il comprenait et sentait profondément les joies de la famille ; on en peut juger par ces deux lettres que nous savons pouvoir rendre publiques sans indiscrétion : « Laissez-moi « vous remercier d'abord de votre aimable communication. « Je sais par une douce expérience tout le charme de ces « mariages que Dieu bénit et dont il prend plaisir à former « d'avance les liens. J'ai toujours souhaité à mes amis chré- « tiens un bonheur que les mœurs de notre société maté- « rialiste rendent si rare. Croyez donc que tous mes vœux « vous suivront à l'autel, bien qu'il s'y mêle une pensée un peu « triste, celle de ne plus guère vous voir à Paris, une fois « que vous aurez rivé en province les chaînes de la famille « qui ne pèsent pas, mais qui retiennent.—

« C'est avec une joie bien vive que mon Amélie et moi « nous avons appris la venue du beau petit ange qui en- « chante votre maison. Nous connaissons ce bonheur et nous

« le souhaitons à tous nos amis.... Après vous avoir accordé « ce don plus rare qu'on ne pense, le don des saintes amours, « Dieu ne pouvait faire plus que de vous envoyer sa béné- « diction par ce gentil messager qui vient du Ciel tout droit, « sans avoir eu le temps de faire fausse route ! Quelle joie « maintenant de voir grandir ce cher enfant, d'épier ses pre- « miers sourires, puis ses premiers pas, ses premières pa- « roles et de préparer, comme vous le dites, à l'Église un « bon chrétien, à la France un bon serviteur de plus ! Je « vous remercie infiniment de nous avoir fait partager sans « retard vos félicités, et de nous avoir jugés dignes de les « comprendre. Cette distinction nous flatte d'une façon « toute particulière, mais nous sommes tellement incrédules « que nous ne vous croirons heureux que si nous vous « voyons tels, c'est-à-dire si vous venez bientôt à Paris « nous amener ce joli poupon et cette mère triomphante. »

Ces sentiments, ces joies, tout ce bonheur de la famille qu'il dépeint si profondément dans ces quelques lignes, n'étaient pas pour lui un obstacle, comme il l'avait dit, mais une nouvelle inspiration. Nous n'en voulons pas d'autre preuve que son livre sur les poëtes franciscains où sa plume se trouve unie à celle « plus délicate que la sienne, qui a « choisi et mis en français les plus pieux, les plus touchants, « les plus aimables récits des *Fioretti*, en s'efforçant de « serrer de près le tour simple et vif du vieux narrateur (1). » Nous ne pouvons nous défendre d'une vive émotion toutes les fois que, feuilletant ce volume, nous rencontrons ces récits; on sent qu'Ozanam a dû faire place avec joie à ces feuilles que lui tendait une main amie, et il semble qu'il se soit plu à les encadrer d'une manière digne d'elles; semblable à un orfévre qui enchâsserait avec amour dans l'or et l'argent la pierre précieuse qui garderait pour lui quelque pieux souvenir. Aussi notre affection et notre admiration pour Ozanam ne sauraient-elles se séparer de notre reconnais-

(1) Préface.

sance pour celle qui a été si dignement et si admirablement son soutien, sa consolation, son aide, *adjutor*, comme dit la Genèse. Elle nous pardonnera de lui en offrir ici l'expression publique, assuré que nous sommes de l'approbation de tous, autorisé par Ozanam lui-même qui ne craignit pas de révéler le secret de cette douce collaboration.

Qui pourrait dire les joies de ce travail à deux, les forces que l'on y puise, le courage que l'on y trouve? Sainte union de l'intelligence qui se surajoute à celle du cœur! Touchante alliance des âmes ainsi deux fois unies dans les mêmes affections et les mêmes contemplations. On a beaucoup parlé, beaucoup trop, de la lassitude des cœurs qui se fatiguent vite de la monotonie et du calme d'une passion quotidienne. On prétend que dans les mariages d'inclination, ou des saintes amours, comme dirait Ozanam, la lune de miel a des rayons d'une douceur infinie, mais qu'ils ne tardent pas à pâlir. Et cela doit être, ajoute-t-on, car la vie est un pénible voyage où l'homme laisse à chaque pas un rêve, une espérance, semblable à la brebis dont la laine, qui n'est pas tombée encore sous le ciseau du tondeur, s'attache aux ronces du chemin.

Non, le cœur humain n'est pas aussi inconstant qu'on veut bien le dire; le flambeau sacré de l'amour ne s'éteint pas ainsi au premier souffle; l'amour ne meurt pas après un premier beau jour, pareil à ces premiers rayonnements de printemps qui s'éteignent sous un retour de l'hiver; il ne s'effeuille pas comme l'arbre de la forêt sous les vents de l'automne.

Mais s'il est vrai que les cœurs puissent se refroidir quand les années succèdent aux années, Dieu a placé en nous quelque chose qui les mettra à l'abri des glaces du temps. L'intelligence resserrera alors des liens qui se détendraient peut-être. Pour ne parler ici que de l'écrivain, combien ses convictions ne s'affermiront-elles pas dans cette conversation intime et incessante! Comme ses pensées et ses aspirations s'agrandiront! Combien l'homme, naturellement incliné vers la violence, puisera de douceur dans ce suave commerce ! A qui d'ailleurs exposerait-il plus franchement ses doutes? A qui confierait-il plus sûrement ses angoisses? Le travail de la pensée est un rude combat, un enfantement douloureux, dans lequel on a sans cesse besoin d'encouragement et de consolation? A qui enfin ouvrirait-il plus entièrement son cœur, le cœur qui est pour beaucoup, pour presque tout, dans ce qu'on fait et dans ce qu'on pense?

O vous donc, jeunes gens, qui vous sentez travaillés par l'idée, qui voulez vivre et lutter pour la vérité, mourir pour elle, s'il le faut, ne prenez pour épouse que la femme qui aimera votre cause, qui sera capable de se dévouer pour elle, de lutter à vos côtés pour sa défense, qui jouira de ses triomphes et souffrira de ses défaites. S'il faut que son cœur palpite à l'unisson du vôtre, il faut encore que son intelligence corresponde à la vôtre; par là seulement vous arriverez à la véritable puissance, dans une invincible solidarité d'affection et de sentiment. Et vous, épouses, connaissez donc votre tâche, la grandeur et la dignité de votre mission; soutenez, dirigez, encouragez ceux qui ont volontairement accepté le joug de votre douce influence. De vous, il dépend que ces ouvriers creusent le sillon de l'avenir et défrichent le sol du progrès, ou que la charrue se brise entre leurs mains, et qu'ils s'endorment sur le chemin auprès de leurs outils inutiles. Qu'ils apprennent près de vous la suprême puissance de la douceur, mais qu'ils y puisent aussi l'indomptable énergie qui fait les âmes fortes.

X.

Il nous faut, en terminant, dire un mot d'un ouvrage qui attaquait directement le livre d'Ozanam sur Dante et dont quelques pages étaient dirigées contre Ozanam lui-même. L'auteur, M. Aroux, avait voulu faire de Dante un révolutionnaire, un socialiste, et un hérétique ; un affilié à l'ordre du Temple, un pasteur de l'Église albigeoise. A l'époque où parut ce livre, nous avions pris la plume pour revendiquer au nom de l'Église Dante et tous ces savants, ces poëtes, ces artistes de l'Italie qu'on lui enlevait sans hostilité, mais avec une conviction sérieuse, assise sur de consciencieux travaux ; en même temps, nous protestions énergiquement au nom de la mémoire d'Ozanam (1).

Nous n'avons pas convaincu notre adversaire sur la question littéraire, puisqu'il vient de publier la traduction de la *Divine Comédie* avec des notes à l'appui de son système. Mais notre voix a été entendue en ce qui concernait Ozanam, et si nous avons regardé alors comme un honneur de prendre la défense de tant de nobles accusés, ce nous est aujourd'hui un devoir de donner ici la réponse franche, loyale de celui que nous avons attaqué :

« Un sentiment respectable, écrit-il, a fait prendre la « plume à M. Ferjus Boissard du *Correspondant* (2), et je « m'empresse de lui donner satisfaction en déclarant que je « n'ai nullement entendu mettre en doute les convictions « religieuses du regrettable Ozanam, ni sa sincérité litté« raire. Qu'il veuille donc bien me pardonner l'épithète de « catholique romantique. » Nous donnons acte à M. Aroux de ces paroles qui l'honorent par leur franchise et leur netteté, et nous l'en remercions sincèrement.

En ce qui touche le fond de la question, le volume d'Ozanam n'a rien perdu en présence des recherches opiniâtres de la science et de l'érudition de son adversaire. Et même ses conclusions se sont trouvées appuyées tout autant par les critiques qui sont intervenus jusqu'à présent dans le débat, que par le silence fait autour des *révélations* de M. Aroux. Il a perdu son procès devant les tribunaux qui

(1) Dante *révolutionnaire* et *socialiste*, mais *non hérétique*.

(2) Nous ne savons pas ce qui a pu induire M. Aroux en erreur. Nous n'avons été et ne sommes de rien.

ont voulu instruire la cause, et notre modeste livre a remporté la victoire contre l'immense travail de M. Aroux. L'*Athœneum*, le *Correspondant*, la *Revue de Paris*, le *Mémorial catholique*, la *Gazette de France* et plusieurs journaux de Paris ou de la province nous ont donné raison, et ils l'ont fait avec une bienveillance dont nous sommes heureux de les remercier. Qu'il nous soit permis de leur exprimer ici toute notre reconnaissance pour leur chaleureux accueil. En Italie, M. Aroux n'a pas été plus heureux qu'en France. Un membre de l'Académie *della Crusca*, le savant Atto Vannucci, dans une longue et intéressante *Rivista Dantesca* (1), nous a d'autant plus vivement remercié de nos sympathies pour son Italie et son poëte, qu'il a plus énergiquement combattu notre adversaire. L'illustre et vénérable Tommaseo a bien voulu, dans une nouvelle édition de son savant commentaire sur Dante, applaudir à la tâche que nous avions entreprise. Pour ce qui est de l'Angleterre, nous savons que M. Aroux n'a pas, tout au moins, trouvé grâce devant M. Pollock, qui s'est assez occupé de Dante pour pouvoir en donner une traduction en vers anglais.

Ce n'est pas ici le lieu de rentrer dans la discussion. M. Aroux n'a pas apporté d'arguments bien nouveaux à l'appui de sa thèse, et il n'a pas cru devoir répondre aux objections par nous faites et qui ont été jugées sans réplique de tous les côtés. Qu'il lise dans le cinquième volume des œuvres d'Ozanam, un chapitre intitulé *Des Sources de la Divine Comédie*, il y trouvera une solide réfutation de ses opinions, à la condition toutefois de se placer, pour juger l'histoire, la littérature, l'art, à un point de vue élevé. Reportons-nous surtout au temps et tenons compte de tout ce qui entoure, et par conséquent explique, *commente*, l'œuvre dantesque, et peut lui donner sa véritable signification. Un seul fait montrera à M. Aroux le danger de n'épiloguer que sur des détails. Au sujet d'un vers du chant v de l'Enfer,

(1) *Rivista Enciclopedica italiana*, février 1855, Turin.

nous avons parlé d'une correction de texte que nous croyions ancienne. Nous disions :

Che seno dette a Nino. . . .

au lieu de :

Che succedette a Nino. . . .

Il se trouve que nous avons été induit en erreur par ceux que M. Aroux lui-même avait trompés, puisqu'il est l'inventeur de la correction, ainsi qu'il nous l'apprend dans une de ses notes. C'est le seul point de notre livre attaqué par M. Aroux. Nons avions tort ; aujourd'hui nous lui proposons :

Che sugger dette a Nino. . .

Ainsi qu'on a pu le lire dans un manuscrit du Vatican, texte fort clair, et dans le *faire* de l'auteur. Nous avons peut-être raison maintenant. Qu'est-ce que tout cela prouve?

Si M. Aroux reste seul, il n'en persistera pas moins dans son système, nous le craignons du moins ; il a, ce nous semble, une énergie capable de ne pas se décourager dans la solitude. La vérité, du reste, n'est pas toujours avec l'opinion publique, et là où court la foule; il est beau de lutter seul contre tous avec une conviction. Mais cinq siècles d'une unanimité constante doivent donner singulièrement à réfléchir.

XI.

Et maintenant qu'Ozanam donne son sommeil dans la paix du tombeau, où il est entré comme un monceau de blé serré en son temps, ainsi que l'a dit Job, l'*Univers* dont nous ne voulons pas qualifier les polémiques et les systèmes, tant ils sont inqualifiables ; l'*Univers*, réprouvé par la presse entière, tout autant par les journaux religieux que par les feuilles anti-catholiques; l'*Univers*, qui par ses violences déshonorerait la religion si la religion n'était au-dessus des passions humaines; qui prend la colère pour du zèle, l'étroitesse d'esprit pour de l'orthodoxie, l'injure pour de la raison et de l'éloquence; l'*Univers* revendiquait pour son ami et pour son collaborateur, Ozanam, l'homme devant lequel tous les partis se sont inclinés, dont l'esprit plein de largeur, le cœur d'une exquise moralité, l'âme d'une douceur inouïe, nous ont révélé un parfait chrétien dans toute la vérité évangélique.

Votre collaborateur, lui, qui ne touchait aux questions qu'avec une respectueuse prudence! Et vous, vous tranchez tous les matins avec un ton magistral, comme si vous apportiez les solutions de tous les problèmes de théologie, de philosophie, d'histoire.....

Votre collaborateur, lui! cet homme modeste qui vivait dans le silence, loin de la foule, loin du bruit. Et vous, vous posez comme le grand champion de l'Évangile, comme le représentant en France, ici des catholiques, là de l'épiscopat, et bientôt de l'Église.

Votre collaborateur, lui! son esprit avancé descendait bravement le courant du siècle et n'en reniait que les excès; il marchait droit et ferme dans la voie du progrès. Vous, vous faites incessamment force de rames pour remonter ce courant, et tout est excès pour vous. Vous avez tout accepté, tout loué, tout chanté, mais aussi tout renié.

Votre collaborateur, lui! mais vous l'avez combattu, bafoué, insulté, outragé, nous vous l'avons montré.

Hélas! nous savons trop que notre voix aura le sort de tant d'autres qui ont crié dans le désert, et que vous vous contenterez de nous répondre comme toujours : Voyez, nous vivons. — L'épiscopat nous couvre de la majesté de son manteau. — Le clergé fait ses délices de nos colonnes. — Les fidèles applaudissent et les abonnements se renouvellent.

Mais nous vous dirons, nous, que vous en parlez trop à

votre aise, que vous avez bien lu certains mandements peu à votre louange, et que vous connaissez bien certains diocèses dont l'entrée vous a été interdite. Avez-vous oublié l'admonestation de votre propre archevêque, en date du 24 août 1850 et sa condamnation du 17 février 1853? Les termes en sont tels que l'on s'étonne d'entendre encore votre voix. Il faut une singulière audace pour ne pas tomber sous un pareil coup. « Considérant que, malgré nos avertissements « et sa *promesse formelle*, l'*Univers* a *scandaleusement* « méconnu les règles de la charité chrétienne et même de la « *simple honnêteté*; qu'au lieu de discuter avec mesure et « modération pour établir ses opinions et ses doctrines, il a « eu recours aux *facéties*, au *persiflage le plus insultant* « *pour déconsidérer les personnes*; qu'il a *calomnié des* « *prêtres et des évêques français*..... Défendons à tous les « ecclésiastiques et à toutes les communautés religieuses de « notre diocèse de lire le journal l'*Univers*, etc..... » Trente-deux évêques, assure-t-on, ont mêlé leurs voix à celle de l'archevêque de Paris.

Relisez cette solennelle et terrible sentence dont vous avez l'air de vous souvenir fort peu. N'oubliez pas non plus qu'à Rome, où vous êtes allé plaider votre cause, on vous a formellement condamné quant à la forme, sans vous donner raison quant au fond.

Si le clergé fait ses délices de vos colonnes, tant pis pour lui et pour nous, tant pis pour la religion et pour la société. Oui, malheureusement, vous avez, en beaucoup d'endroits, façonné le clergé à votre manière, vous l'avez empoisonné avec cette nourriture quotidienne, forte, épicée, qui est devenue une nécessité pour son palais blasé et irrité. Et tel curé, bon, excellent prêtre, le soir, après dîner, se prend à rire avec vous de nos institutions, de nos poëtes, de nos écrivains, si même il n'en est pas encore venu à une continuelle indignation qu'il prend pour une vertueuse colère.

Quant aux applaudissements des fidèles et aux réabonnements dont vous êtes si fier, nous ne les nions pas. Mais que de prêtres gémissent et s'attristent! Que de chrétiens s'indignent! Votre influence, ne vous y trompez pas, est due en grande partie à la faiblesse des caractères qui est le malheur des temps où nous vivons, et à la terreur que, par vos violences et vos diatribes, vous exercez sur le monde religieux. Et là-dessus, il y aurait encore matière à quelques réflexions que peut-être nous pourrons vous soumettre un jour.

L'usage de la vérité, dit Montaigne, tout noble qu'il est, a ses circonscriptions et limites : soit, mais prenons garde, sous prétexte de prudence, d'être éternellement lâches dans ces circonscriptions et limites éternelles. Parlez donc haut une fois, évêques, prêtres, laïques. On vous dit complices de toutes ces violences, — de tous ces excès, — de toutes ces haines, — de toute ces palinodies, — et de fait votre silence vous accuse. Quand les événements font peser sur nous une solidarité qu'il est de notre devoir de ne pas accepter, n'est-il pas impérieux de repousser cette solidarité? Se taire alors ne serait-ce pas être réellement coupable?

Pour nous, nous espérons ne jamais dire une parole et ne jamais écrire une phrase qui ne soient inspirées par la foi qui nous est plus chère que la vie; mais nous tenons à faire savoir hautement à qui veut l'entendre que nous n'avons rien de commun avec cette école d'intolérance.

Nous ne pouvons nous décider à terminer des pages consacrées au souvenir d'Ozanam par des reproches même aussi justement mérités. Oubliant un moment ces tristes débats, recueillons-nous dans la pensée de celui qui n'est plus; agenouillons-nous au pied de sa tombe et disons : Pourquoi, ô mon Dieu, déracinez-vous le chêne avant qu'il ne soit arrivé à sa taille?... Pourquoi desséchez-vous l'herbe avant qu'elle ne soit en fleur?... Pourquoi coupez-vous l'arbre avant qu'il ait donné tous ses fruits?... Mon Dieu, donnez-nous des savants, des poëtes, des artistes, qui éclairent et agrandissent les intelligences; qui touchent et dilatent les cœurs, et qui, en épelant, chantant, traduisant la nature, y voient et y fassent voir, le vrai pour qu'il nous convainque, le bien pour qu'il nous attire, le beau pour qu'il nous élève jusqu'à vous, source éternelle et intarissable de toute vérité, de toute bonté et de toute beauté.

L'art ne doit-il pas suivre vos traces, comme un disciple suit son maître?

. . . Come il maestro fa'l' discente (1).

N'est-il pas en quelque sorte une émanation de Dieu?

Si che vostr' arte di Dío quasi è nipote (2).

(1) Dante, Enfer, ch. XI. (2) Idem.

TABLE.

PARIS. — IMPRIMERIE DE W. REMQUET ET CIE, RUE GARANCIÈRE, 5.

www.ingramcontent.com/pod-product-compliance
Ingram Content Group UK Ltd.
Pitfield, Milton Keynes, MK11 3LW, UK
UKHW031944260826
14628UKWH00004B/1831

9 782014 103892